일단
나부터 실험할게요

세상의 모든 경험 수집

다이어트 습관

〈세상의 모든 경험 수집〉은 1t의 이론보다 1g의 경험을 공유합니다.

'세상의 모든 경험 수집'은 매일 반복되는 일상을 특별하게 만드는 방법을 독자들과 공유하기 위해 만든 시리즈입니다. 인생이란 길목에서 삶의 의미와 행복을 만날 수 있도록 다양한 경험을 모았습니다.

30㎏ 살을 뺀 셰프의 7가지 습관

일단 나부터 실험할게요

마인드 빌딩

Prologue

인생이라는 실험실에서 가설을 세우고 실험을 시작했다

“아빠 곰은 뚱뚱해.”

처음에는 그냥 넘겼다. 살이 찌고 있다는 사실에 무뎌졌다. 30대가 되고, 나와 가족을 위해 직장생활을 열심히 하다 보니 체중이 증가하고 살이 찌는 것을 당연한 일로 생각했다. 마음만 먹으면 금방 빠질 거라고 생각했다. 뚱뚱하다는 것을 굳이 인정하고 싶지 않았다.

건강검진을 받을 때면 체중 감량을 해야겠다고 마음을 먹었다. 그래서 피트니스센터에 등록하고 운동도 열심히 했다. 그런데 노력을 해도 지치기만 할 뿐 체중이 줄지 않았다. 결국, 얼마 못 가서 그만두었다. 계절이 바뀌고 나니, 지난해에 입었던 옷이 더 이상 맞지 않아 다시 사야 했다. 이 일을 계기로 다시 체중 감량에 도전했다. 하지만 결과는 또 실패.

도전과 실패가 반복되다 보니 어느새 체중 감량을 포기하고 시도조차 하지 않게 되었다. 그러는 사이 체중이 90㎏을 넘겼고 100㎏에 다가섰다. 지금까지는 경험하지 못한 상황이었다.

90㎏을 넘기니 빨리 지쳤고 늘 피곤했다. 퇴근해서 집에 가면 너무 힘들고 지쳐서 손가락도 움직이기 싫었다. 주말에는 무척 피곤해서 낮잠을 잤다. 아이들하고 놀았던 때가 언제인지 기억나지 않았다. 그저 간신히 일어나 마트에 장 보러 갔던 기억만 떠오른다. 체중이 늘자 자신감을 잃고 의기소침해져갔다.

내가 왜 이렇게 되었지? 직장을 다니며 열심히 산 것밖에 없는데…. 야근을 셀 수 없을 만큼 많이 했고, 업무 이외에도 회사에서 진행되는 행사에 참여하며 열심히 살았다. 하지만 내게 남은 건 뚱뚱한 몸뚱이와 저질 체력뿐.

"아빠는 많이 먹으니까 뚱뚱해."

아들의 말은 화살이 되어 내 가슴에 꽂혔다. 7살이었던 아들도 내가 뚱뚱하다는 것을 잘 알고 있었다.

'예전에 나는 이렇게 뚱뚱하지 않았는데…' 10년 전, 키친에서 조리사로 근무하던 시절, 지금보다 훨씬 많이 먹었었다. 그런데 그때는 날씬했었다. 매일 두꺼운 햄버거를 2개씩 먹으면서도 날씬한 체형을 유지했었던 그 시절이 떠올랐다.

키친에는 수많은 규칙이 있었다. 언제, 누가 같은 메뉴를 만들어도 늘 꾸준하게 같은 품질로 만들기 위한 규칙 말이다. 나도 키친에서 조리사로서 근무하면서 그 규칙들을 지켰다. 규칙들을 따르면서 생활을 하다 보니, 몇 가지 습관들이 저절로 몸에 배어있었다. '그 규칙과 습관들이 햄버거를 2개나 먹었는데도, 매일 수많은 음식을 맛보고 먹었는데도, 날씬한 체격과 체력을 유지시켜 줬던 게 아닐까?' 키친에서의 생활을 떠올렸고, 그때의 경험에서 '셰프의 7가지 습관'을 끄집어냈다.

> "셰프의 습관을 활용하면 다시 날씬한 체형과 체력을 되찾을 수 있지 않을까?",
> "먹고 싶은 음식을 다 먹으면서도 날씬한 체형을 유지할 수 있지 않을까?"

과거의 경험을 통해 세운 가설을 나 자신에게 실험하기 시작하였다. 힘든 운동 없이 신기하게도 40일 만에 90*kg*에서 77*kg*으로, 13*kg*이 빠졌다. 놀라움과 함께 살짝 무섭기도 했다. 내가 아픈 건 아닌지 걱정하는 사람도 있었다. 6년 동안 꾸준히 체중이 증가해서 100*kg*에 다가갔던 내가 비교적 빨리, 그리고 많이 살을 뺐으니 주위 사람들이 보기에는 아파 보일 수도 있겠다는 생각이 들었다.

그 살을 빼고 나니 건강해졌다. 그전에 느꼈던 피곤함도 확

줄었고, 다시 활동적인 과거의 나로 변했다. 자기계발을 위해 평소에 공부하고 싶었던 '외식사업'을 제대로 연구하기 위해 대학원에 입학했다.

그동안 했던 경험을 제대로 정리하고 싶었다. 그래서 초기의 13*kg* 감량 성공에 멈추지 않고, "셰프의 습관을 활용하여 20대 조리사로 근무하던 시절의 체격과 체력을 되찾자"라는 2차 목표를 세우고 도전하였다. 20대 시절의 체격, 체력을 찾는다면, 그때의 열정마저 되찾아 자기계발에 투자할 수 있을 것 같았고, 책으로 쓸 수 있을 것 같았다. 그 실험이 2년이 지난 지금까지 이어져, 여전히 현재 진행형이다.

지금 그 이야기를 풀어가고자 한다.

Contents

4장_ 핵심 습관을 들인 결과 I
:건강한 식습관

5장_ 핵심 습관을 들인 결과 II
:책 읽는 즐거움, 햄점남/아철남, 글쓰기

6장_ 삶의 질량을 높이는 실험 무작정 따라하기

Epilogue

1장

뚱뚱이 습관을 버리다

이루고 싶은 게 있거든
체력을 먼저 길러라.

— 윤태호의 《미생》 중에서

34살, 100㎏에 다가서다

2010년 겨울, 전 직장에서 입사할 때 받았던 정기검진 시의 몸무게는 67㎏이었다. 이후 7년 뒤 2017년. 내 몸무게는 98㎏이 됐다. 그 이후로는 체중계에 오르지 않았다. 망가져만 가는 내 몸을 숫자로 확인하고 싶지 않았기 때문이다.

살을 빼려고 회사에서 진행했던 '다이어트 챌린지'라는 체중 감량 프로그램에도 참가했었다. 하지만 체중은 오히려 늘어만 갔다.

그해 무더운 여름의 어느 날, 자리에서 일어나는데 툭 하는 소리와 함께 바지의 엉덩이 부분이 터졌다. 바지가 터진 게 충격이 아니라 바지가 터졌어도 아무렇지 않은 나 자신이 충격이었다. 난 그렇게 비만에 무뎌져 가고 있었다. 급기야 두 달 전에 구매한 옷들도 맞지 않기 시작했다. 키 174㎝, 몸무게 98㎏인 내가 세상과 맞출 수 있는 것은 없었다.

꾸준히 체중 증가를 경험하고, 과체중을 넘어 비만이 되었다. 살이 쪘다는 것을 느낄 때마다 살을 빼겠다고 다짐을 하고 노력도 해봐도 현실은 크게 달라지지 않았다. 점점 체중계에 올라가는 것을 피하며 비만이 된 현실을 외면했다.

사이즈 큰 옷을 새로 사면서도, 왜 계절이 바뀔 때마다 사게 되는지, 살이 계속 찌는지를 심각하게 생각하지 않고 넘겨 버렸다. 그러니 살이 빠지겠는가? 뭐가 달라지겠는가? 그렇게 지내다 보니 결국 100㎏에 육박하게 됐다.

난 그렇게 하나씩 무너져 갔다.

살이 찌는 이유를 알았다면 어땠을까

2014년 3월, 대리로 승진했다. 그때까지 셀 수도 없는 날들을 회사에서 보냈다. 당시 나의 직무는 외식 영업이었다. 외식 프랜차이즈 본사나 제조업체에 관련 원료 또는 상품을 판매, 공급하고 관리하는 일을 주로 했다. 보통 오전 9시부터 18시까지는 주로 고객사인 외식업체의 본사 구매담당자나 개발담당자를 만나기 위해 방문했고, 지방에 있는 고객사에 가느라 출장도 잦았다. 18시 이후에는 부수적인 업무를 처리하기 위해 야근을 했다.

말 그대로 별 보고 출퇴근하는 것을 매일 같이 반복했다. 그러는 사이 결혼을 했고, 첫아이 출산 등 집안일도 챙겨야 하는 가장이 되어 있었다. 망가진 생활패턴에 살은 급격히 불어나기 시작했다. 그렇게 100㎏에 육박할 때까지 나는 나를 돌아볼 여유도 없었다.

그러던 어느 날, '나는 왜 살이 찔까?' 하고 고민했다. 생각 끝에 몇 가지 이유를 찾아냈다.

그 첫 번째 이유는 회사였다. 입사 후 근속연수가 늘어날수록 자연스레 업무도 많아졌고 야근도 늘어났다. 회사에서 저녁이나 야식을 먹게 되는 기회가 많았다. 야식을 먹고 사무실에 앉아서 일하고, 집으로 돌아가면 바로 뻗어 곯아떨어지기 바빴다.

게다가 나는 영업사원이었다. 팀 회식과는 별도로 거래처와 했던 회식 및 저녁은 비만의 최대 적이었다. 1차는 주로 단백질 위주의 고기나 해산물류를 먹었고, 2차는 본격적으로 생맥주나 소주를 마시러 가곤 했다. 그리고 마지막 입가심으로 맥주나 커피 한 잔을 더 마셨고, 보통 자정이 다 돼서야 회식이 끝났다. 그렇게 부풀어 오른 배를 쓰다듬으며 집에 오면 침대에 눕기 바빴다.

두 번째는 행동의 반경이 줄어든 것이다. 그나마 대학생 때에는 학교까지 대중교통을 이용했고, 캠퍼스 강의실까지 걸어가는 경우가 많았다. 매시간 바뀌는 강의실로 인해 이동이 잦았고, 점심을 먹기 위해 학생식당까지 걸어가거나 캠퍼스 밖의

식당으로 나가야 했기에 매일 꾸준한, 적지 않은 움직임이 있었다.

그런데 직장생활은 그렇지 않았다. 자동차로 집에서 회사까지 이동하기 때문에 움직임이 적었다. 주중에는 바쁜 회사 일 때문에 지쳐, 주말에는 누워서 TV를 보는 경우가 허다했다. 칼로리 소모는 적었기에 누워서 먹는 군것질거리는 바로 살이 됐다.

세 번째는 결혼이다. 결혼 전에는 기혼자들이 살찌는 이유를 이해할 수 없었다. 하지만 내가 결혼을 하니 찔 수밖에 없는 상황임을 알게 됐다. 연애 시절에는 늦더라도 각자의 집으로 돌아갔다. 간혹 바래다주고 돌아오면 에너지 소비를 할 수 있지만 결혼 후에는 더 이상 그럴 필요가 없다. 게다가 밥을 먹고 나서 과일은 필수로 먹었고, 야식도 자주 먹었다. 자다가도 출출하면 라면을 끓여 먹었고 다 먹은 상은 치우기 무섭게 바로 누웠다. 이런 생활습관의 변화는 나를 뚱뚱하게 만들었다.

마지막으로 기초 대사량이다. 서른이 넘으면 100㎉가 떨어지고 근육량도 1년에 1%씩 줄어든다. 서른다섯이 되면 서른 살에 비해 근육량이 5% 줄어든다. 이는 달리 말하면 이전처럼 먹으면 살이 찐다는 것이다. 그렇기에 체중을 유지하기 위해서는 이전에 비해 먹는 양을 줄이거나 운동량을 늘려서 에너지 소비와 신체 대사를 높여야 한다.

기초 대사량이 떨어지기 때문에 30대가 되어서도 이전과 동일한 환경으로 살면 살이 찔 수밖에 없다. 그런데 여기에 중대한 생활 변화인 입사와 결혼까지 겪게 되면 체중 증가는 불 보듯 뻔한 결과다.

왜 30대에 살이 찌는지 이해하지 못한다면, 운동을 통한 체중 감량, 식이요법 등 이전의 방식으로 살을 빼려고 노력해도 예전처럼 빠지지 않는다. 만약 어렵게 살을 빼더라도 요요라고 하는 불청객이 찾아오기 일쑤다. 나 역시 6년간 다이어트 시도를 했고, 중간에 여러 번 2~3㎏ 정도 체중 감량에 성공하기도 했지만, 다시 더 쪄서 결국 체중이 98㎏을 넘겼다.

살이 찌는 이유를 진작 알았더라면 어땠을까? 30대가 되면서 경험했던 입사, 결혼으로 인한 생활 변화와 기초 대사량 감소의 영향을 미리 알았더라면 어땠을까? 98㎏까지 살이 찌는 일은 피할 수 있지 않았을까?

다이어트에 성공한 적이 있다면 살을 빼기 어렵다!

과거 체중 감량에 여러 번 성공했었다. 고3 때 책상 앞에 앉아있는 시간이 늘다 보니 15kg의 급격한 체중 증가를 경험했다. 하지만 수능시험이 끝나고 겨울방학 동안 운동을 통해 체중 감량에 성공했고, 다시 60kg 초반의 몸무게로 돌아왔다.

대학교 2학년을 마치고 휴학했다. 이후 군대에 입대하기까지 6개월간 10kg 넘게 체중이 증가했고 군 복무 초기에 엄청난 스트레스와 색다른 환경 탓에 체중이 더 불어나 80kg을 훌쩍 넘었다.

이후 시간이 여유로워졌던 병장 시절 열심히 운동하고 식이조절을 병행하여 60kg 초반의 몸무게로 다시 만들었다. 제대 후 미국의 호텔 레스토랑에서 조리사로 일하던 시절, 매일 햄버거를 한 개 이상 먹었다. 그것도 패티가 두꺼운 프리미엄 버거로 말이다. 그렇게 많이 먹어도 살이 찌지 않았는데, 미국 생활을 끝내고 한국에 돌아와서 1년 동안 10*kg* 이상 체중이 늘어났다.

대학교 4학년이 되어 취업을 준비하면서 100:1이 넘는 경쟁률과 구직난을 경험했다. 서류에서 탈락하고, 어렵게 면접에 가서 탈락을 몇 번 하다 보니 스트레스를 받아 살이 더 쪘다. 그럼에도 80*kg* 중반이었다. 너무 찐 것 같아 수영을 시작했고 식이조절을 통해 체중 감량을 시도했다. 당연히 성공했고 입사 전 몸무게인 60*kg* 중반으로 돌려놓았다.

살이 쪘었지만 식이조절과 운동을 통해 3번이나 10*kg* 이상의 체중 감량에 성공했다. 그래서 나는 늘 내가 살을 빼는 방법을 잘 알고 있다고 믿었다. 마음만 먹으면 언제든지 체중 감량을 할 수 있다고 과신했다.

하지만 입사를 하고 나서 6년간 몸무게가 늘어만 갔다. 이전에 시도했던 식이조절과 운동을 했지만 감량이 되지 않았다. 그동안의 경험으로 살 빼는 방법을 잘 안다고 생각하고 있었지만, 그 노하우가 전혀 통하지 않았다.

결국 내가 알고 있던 체중 감량 방법은 과거의 기억일 뿐, 30대, 입사, 결혼은 비만의 가장 무서운 적이었다.

요요를 분석하다

요요현상은 음식물 섭취를 극도로 제한하면서 체중을 감량할 때, 체중이 감량되었다가 다시 원래의 체중으로 급속하게 복귀하거나 그 이상으로 증가하는 현상을 말한다. 아이들 장난감의 하나인 요요가 빠르게 내려갔다 올라갔다 회전하는 모습이 이 현상과 비슷하다 해서 이름이 붙여졌다. 결국 요요현상은 식습관을 통해 감량하는 것이라서 언제든 식습관이 과거로 돌아가면 살이 찔 확률이 매우 높다.

살이 왜 안 빠질까를 고민해본 뒤 체중을 감량할 방법을 다음과 같이 정리하였다.

음식물 섭취로 늘어난 몸무게	<	운동 및 신체 대사 활동으로 줄어든 몸무게	⇨ 체중 감량
음식물 섭취로 늘어난 몸무게	=	운동 및 신체 대사 활동으로 줄어든 몸무게	⇨ 체중 유지
음식물 섭취로 늘어난 몸무게	>	운동 및 신체 대사 활동으로 줄어든 몸무게	⇨ 체중 증가

음식물 섭취 및 활동에 따른 체중 변화

여기에서 요요가 오는 이유를 발견하게 되었다. 평균 2~3개월의 목표 기간에 음식물 섭취를 크게 줄이거나, 운동을 해서 체중 감량에 성공하지만, 그것은 생활 습관을 일시적으로 제한하는 특수한 환경에서 나온 결과이다.

오히려 목표 달성 이후 그 환경을 계속 지켜나가기 힘들기에 이전의 생활습관으로 돌아오는 경우가 많다.

내가 입사 후 체중 감량에 꾸준히 실패했던 이유, 요요가 오는 이유 역시 같았다. "90kg의 생활습관을 유지한 채 1~2달간의 피나는 노력으로 10kg을 감량하여 80kg으로 만든다. 체중 감량 뒤 몇 개월이 지나면 다시 원래의, 90kg의 생활습관대로 생활하게 되니 결국 90kg으로 돌아가는 것"이라고 할 수 있다.

다이어트 성공 후 체중 감량을 할 때보다 음식물 섭취를 늘리거나 운동을 줄이게 되면, 이전의 생활 습관으로 돌아간다면 결국, 이전의 몸 상태와 체중으로 돌아갈 가능성이 크다. 그래서 단기간의 식이조절, 운동량 늘리기 등 특수한 환경을 일시적으로 만들어서 하는 체중 감량은 결국 요요로 이어지고 실패할 수밖에 없다.

특수한 환경을 만들어서 단기간에 체중만 급격하게 줄이는 것만을 목표로 하기보다는 원하는 몸무게를 유지할 수 있는 생활습관을 만들어야 한다. 반복을 통한 습관 형성은 체중 감량에도 매우 중요하다.

어이없게도 저절로 빠진 살

늘어가던 체중을 무기력하게 받아들일 수밖에 없었던 어느 날, 셰프로부터 배우고 익혔던 핵심습관들을 활용하여 작은 습관들을 만들어보기로 결심했다. 작은 습관들이 쌓이자 살이 쪘던 원인, 살을 빼기 힘들었던 이유들을 하나씩 해결할 수 있었고, 크게 힘들이지 않고 체중 감량에 성공했다. 먹고 싶은 음식은 최대 3일을 넘기지 않고 다 먹었다. 힘들고 지칠 정도로 운동을 한 것도 아니다. 하루에 10분 이상 운동을 한 적은 손으로 꼽을 정도다. 그런데 체중이 줄었다.

2017년 6월, 정확히 42일 만에 12.8㎏을 감량했다. 이전처럼 운동으로 뺀 것이 아니라 어이없게도 저절로 빠졌다.

300g X 42일 = 12.8kg

회사를 그만두기 전까지 불가능해 보였던 체중 감량에 성공했다. 열심히 노력해도 안 빠지던 살들이 6주 동안 '그냥' 빠졌다. 주변 사람들은 감량 비법에 대해 듣고 싶어 했다.

감량을 성공한 그날 난 집으로 돌아와 오랫동안 열지 않았던 서랍을 열었다. 깊숙한 곳에서 선물 받은 뒤 입지 못했던 셔츠를 꺼냈다. 팔을 넣고 단추를 하나씩 잠갔다. 6주 전에 맞지 않던 셔츠가 그날은 맞았다. 입고 싶어도 입지 못했던 그 옷이 내 몸에 딱 맞았던 그날의 희열을 잊지 못한다.

체중 감량에서 가장 중요한 부분은 키친에서 경험한 셰프의 '습관'을 다시 따라 한 것이었다. 그들이 키친 안에서 행했던 '점검', '계획', '측정', '평가', '기록', '학습', '인내'의 7가지 습관을 그대로 체중 감량에 적용해 본 것이다. 결과는 놀랍게도 원하는 만큼의 체중 감량으로 나타났다. 그것도 별다른 노력을 들이지 않고 말이다.

2장

세프의 7가지 습관

모든 성공과 실패의 95%는 습관이 결정한다.
좋은 습관은 어렵게 형성되지만 성공으로 이끌고,
나쁜 습관은 쉽게 형성되지만 실패로 이끈다.
습관의 사슬은 거의 느낄 수 없을 정도로 가늘지만,
깨달았을 때는 이미 끊을 수 없을 정도로 완강하다.

— 린든 존슨

셰프의 생활
[식사]

지금부터 10년 전, 미국 펜타곤 시티 리츠칼튼호텔에서 조리사로 근무했다. 룸서비스In Room Dinning와 레스토랑을 같이 운영하는 파이브 키친Fyve Kitchen 소속 조리사Cook였다. 당시 파이브 키친에서는 샐러드 · 수프 · 햄버거 · 파스타 · 스테이크 등의 메뉴를 운영하였고, 나는 샐러드 · 햄버거 스테이션을 담당했다.

조리사는 주로 고객들과 반대의 일정으로 근무한다. 고객들이 쉴 때 일해야 하고, 고객들이 일할 때 쉬는 경우가 많다. 외식업의 주말은 보통 영업이 잘되기 때문에 평일에 쉬곤 했다.

조리사들은 보통 고객들이 식사하는 시간을 피해 식사를 한다. 그렇다 보니 주로 아침은 건너뛰고, 점심 영업 전과 한바탕

점심이 끝난 후 브레이크 타임에 식사를 하게 된다. 하루 2식이 보통이다. 옆에서 관찰한 이들의 식습관은 불규칙해 보였지만 다시 생각해보니 누구보다 정확히 그 시간을 지켰다.

서른 살이 넘으니 그 당시보다 음식을 훨씬 적게 먹는데도 살이 찌는 것을 경험했다. 당시 규칙적인 식습관은 많은 음식을 먹으면서도 적당한 체중을 유지하는 데 도움을 줬다는 것을 알게 됐다.

또한, 브레드 필론의 《먹고 단식하고 먹어라》에 따르면 셰프의 식습관이 매일 간헐적 단식을 경험하게 만든다고 할 수 있다.

오전 10시 브런치에 한 번, 오후 5시 브레이크 타임에 한 번, 이렇게 하루에 두 번 식사할 경우 오전 10시부터 오후 5시(17시)까지 7시간 동안만 배에 음식이 들어간 상태다. 이 경우 몸은 음식을 소화시켜 지방과 글리코겐으로 축적한다. 체지방은 마지막 식사가 끝나고 늦은 저녁(19~23시) 사이에 분해되기 시작한다. 그리고 새벽 5시~7시(약 12~14시간 공복)부터 체지방이 연소되어 에너지로 사용된다.

셰프들은 이른 저녁 식사 후 다음날 식사할 때까지 하루 17시간의 공복시간을 갖는다. 이는 지방이 쌓일 수 없는 체질, 즉 지방을 바로 연소시켜 에너지로 사용하는 생활습관을 만들었다. 이들은 키친에서의 경력이 늘어감에 따라 체지방이 잘 쌓

시간	1	2	3	4	5	6	7	8	9	10	11	12	13	14	15	16	17	18	19	20	21	22	23	24
식사	지방 분해 중 →				지방 연소 시작 →					1식	배가 부른 상태						2식	지방 분해 시작 →						

셰프들의 식사 시간과 지방분해

이지 않는 체질이 되어간다. 셰프의 생활습관, 식사습관 덕분이다. 만약 오후 근무를 하게 될 경우 오후 1~2시에 조금 늦은 점심을 첫 식사로 하게 된다. 이때, 공복시간은 17시간에서 3~4시간이 추가로 늘어난다. 더 길어진 공복시간 동안 지방의 분해와 연소가 일어난다.

이들이 오랜 기간 동안 근무하며 몸에 익힌 식사 습관은 생활 속에서 간헐적 단식을 자연스럽게 일어나도록 했다. 이 식사 습관은 이들이 많이 먹어도 살이 덜 찌는 체질을 갖도록 만들어 줬다.

셰프의 테이스팅tasting

주로 샐러드·햄버거 스테이션에서 근무하다 보니 자연스럽게 햄버거를 하루에 한 개씩 먹게 되었다. 당시 미국 키친에서 경험한 햄버거는 놀라웠다. 손가락 두께보다 굵은 패티와 한 입 베어 물었을 때 터져 나오는 육즙, 게다가 다양한 식재료와 그 신선도, 한국에서 보던 식자재와는 차원이 다른 세계였다.

호텔에서는 매주 일요일 선데이 브런치Sunday Brunch를 운영했다. 10시에 시작해서 오후 4시에 끝나는 이 시간에는 다양한 종류의 메뉴가 뷔페Buffet식으로 호텔 라운지에 세팅이 된다.

메뉴 중 스시는 나에게 그 어떤 음식보다 입맛에 잘 맞는 음식이었다. 배가 고픈 나머지 허겁지겁 먹기 일쑤였다. 그런데 셰프를 비롯한 동료들을 보니 간단하게 한 입만 먹는 수준으로 테이스팅을 했다. 심지어 스테이크는 식감만 테이스팅을 하고 나서 다시 뱉기도 했다.

그들에게 테이스팅은 배를 부르게 하는 취식eating이 아니라 맛을 보고 점검하는 일이었다. 셰프들이 술, 담배를 하지 않거나 멀리하는 경우가 많은 것도 테이스팅을 자주 해야 하는, 잘 해야 하는 직업이기에 당연한 일이다. 술, 담배는 혀의 감각을 떨어뜨리고, 맛에 무감각해지게 하기에 셰프들이 기피할 수밖에 없다.

셰프의 식단

셰프들은 주로 주재료를 테이스팅한다. 셰프들을 보면 많은 음식을 먹는 것처럼 보이지만 보통은 테이스팅인 경우가 많다. 맛만 보는 것이다. 게다가 테이스팅은 주요리인Entree의 주재료나 핵심 소스를 맛보는 경우가 대부분이다.

양식의 경우 메인 요리인 립아이 스테이크ribeye steak, 꽃등심, 로스트 치킨roast chicken, 넙치 구이roast halibut 등에서 주재료를 맛보는 것이다. 간혹 메인 메뉴와 같이 나오는 메쉬드포테이토, 프렌치프라이 등 탄수화물이 주된 원료인 식재료를 맛보기도 하지만 대다수는 단백질이 주된 원료인 메인 메뉴들을 테이스팅하는 것이다.

소스를 맛볼 경우에도 스푼에 소스를 살짝 찍어 맛보거나 메인 메뉴인 단백질류와 같이 테이스팅하며 어우러짐을 확인한다. 결국, 단백질류 위주로 테이스팅을 하는 것이다.

셰프들은 업무 환경상 당질(탄수화물) 제한을 식사 습관으로 갖게 되고, 이 습관의 이점을 활용하고 있다. 에베 코지는《밥 빵 면》에서 당질 섭취를 꾸준히 제한하면 우리 몸은 지방이 분해되는 체질로 변하게 된다고 했다.

셰프들은 키친에서 자연스레 간헐적 단식과 당질 제한을 실천하는 것이었다. 이 간단한 사실이 나에게는 아주 중요하게 느껴졌다.

셰프의 습관 1 & 2 [계획/점검]

출근하면 가장 먼저 하는 일은 당일 일정 점검이었다. 이때 근무 장소를 확인한다. 당시 샐러드·햄버거 스테이션에 주로 근무했지만 가끔 프렙prep이라는 식자재 준비 작업을 하는 경우도 있었다. 근무지 확인이 끝나면 동료들의 근무지 확인과 객실, 레스토랑의 예약 현황을 확인했다. 이에 따라 준비해야 하는 식자재의 양과 종류가 달라지기 때문이었다.

물론 모든 상황이 예상대로 진행되지 않는 경우도 있다. 정말 예측이 되지 않았던 것이 바로 콜씩call sick이다. 콜씩은 동료가 출근 당일 직장으로 전화해서 아프다고 결근하는 것이다. 어느 정도 지원 업무를 고려하고 있긴 하지만 한 사람의 부재는 나비 효과가 되어 여기저기서 크고 작은 실수로 이어지곤 했다.

미리 계획을 세우고 상황에 따른 대비책을 마련해 놓는다면 실수를 줄일 수 있다. 실수를 줄인다는 것은 낭비되는 시간을 줄인다는 것과 같다. 내가 키친에서 끊임없이 반복했던 것은 스케줄(계획)을 점검하고 현재 상황을 점검하여 다시 계획을 세우고 점검을 하는, '계획과 점검의 반복'이었다.

TV에서 보는, 우리가 알고 있는 셰프의 모습은 화려한 모습이 많다. 뜨거운 불 앞에서 스테이크를 조리하거나 고기를 팬에 볶는 모습이 인상적이다. 보이는 모습 이면에는 그들의 끊임없는 계획과 점검이 있다. 이것은 모든 업무의 시작이다.

재고를 점검하지 않아 마지막에 주로 장식으로 들어가는 재료가 없는 것을 모르고 메뉴를 만들다가 마지막에서야 발견하는 실수도 경험했다. 그래서 항상 냉장고를 열어 적당량의 식자재가 있는지, 조리도구가 있는지 점검했다. 완성된 음식을 담을 그릇이 있는지 점검하고, 요리가 나가는 속도를 맞추기 위해 다른 라인 쿡◆이 어떤 메뉴를 준비하고 있는지도 점검해야 했다. 그리고 그 점검 결과에 따라 업무 계획을 세워서 일을 해야 했다.

◆ 라인 쿡 : 섹션, 스테이션을 담당하는 실무 조리사로 주문이 들어오면 처리하는 등 담당하는 스테이션에서 셰프의 지시에 따라 실무를 책임지는 역할을 한다.

식자재 점검/계획/준비

파이브 키친 근무 시절, 햄버거 스테이션에서 근무하면서 하루에 판매되는 버거의 수를 매일 점검했다. 일반번, 호밀번, 통밀번 등 다양한 번과 패티 재고를 확인하고 판매량을 예상한 뒤, 그보다 부족하지 않게 미리 준비해서 채워뒀어야 했다. 그리고 버거에 들어가는 양상추도 씻어서 뜯어 놓아야 했고 또, 토마토와 양파도 슬라이스해 두어야 했다. 고객이 추가로 선택할 수 있는 다양한 치즈도 준비해뒀다.

미리 준비해두지 않아서 주문이 들어왔을 때 재료가 없다면 메뉴를 만들지 못하거나 늦게 만들 수밖에 없다. 만약 같은 테이블의 고객들이 립아이 스테이크와 햄버거를 같이 주문한다면, 립아이 스테이크는 15분이면 완성할 수 있는데 햄버거는 식자재 손질을 해두지 않아서 30분 이상 기다릴 수 있다. 립아이 스테이크를 주문한 고객은 먼저 식사를 하고, 햄버거를 주문한 고객은 상대방이 립아이를 먹는 모습만 보면서 15분을 더 기다려야 하는 것이다.

메뉴가 나오는 시간이 크게 차이 난다면 고객의 만족도가 떨어지고 불만을 느낄 수 있다. 키친 역시 혼란이 생긴다. 식재료를 손질하고 있는 사이 또 다른 주문이 들어오고, 주문이 몰려들어 온다면 그날 업무는 꼬여버리기 때문이다. 또, 스테이크를 조리하는 동료에게도 피해를 준다.

식자재를 미리 준비했다면 빠르게 메뉴를 만들어 동시에 고객의 테이블로 요리를 내보낼 수 있을 것이다. 같은 테이블의 요리를 동시에 제공하는 것은 기본 원칙이다. 그렇기에 평균 판매량, 예상 판매량을 감안하여 재료가 부족하지 않도록 미리 예상, 계획하고, 준비하여 같은 종류의 메뉴(애피타이저, 메인메뉴, 디저트 등)가 동시에 제공될 수 있도록 노력해야 했다.

조리도구 점검/계획/준비

한국에서 햄버거 패티의 굽기는 무조건 웰던well-done이지만 미국에서는 단계별로 선택할 수 있었다. 그만큼 원재료가 신선했다.

패티의 굽기가 미디움medium이나 레어rare일 경우에는 그릴에서 조리할 수 있지만, 미디움 웰medium well 이상일 경우 오븐에 넣어서 익히는 것이 효율적이었다.

오븐에 넣을 때는 오븐 트레이를 이용한다. 영업을 위해서 오븐 트레이를 비롯하여 팬 등 조리에 필요한 도구를 미리 점검하고 필요한 수량을 계획하여 챙겨둬야 했다. 고객이 룸서비스에서 자주 시키는 인기 메뉴인 치킨 윙의 경우 칠리소스로 글레이즈(소스를 넣고 졸이는 것)해서 만드는데 이를 위해서는 팬이 필요했다. 또, 사이드 메뉴로 나가는 시금치 등도 기름에 소테(볶기)하기 위해 팬을 넉넉히 준비해둬야 했다. 호텔, 레스토랑의 조리도구나 기물은 한정되어 있기에 출근 직후 미리 챙겨뒀어야 했다. 늦을 경우 다른 섹션이나 다른 키친의 조리사들이 다 챙겨 가버려 쓸 기물이 없을 때도 간혹 있었다. 매일 미리 챙겨두려고 노력했었고, 내가 사용하는 기물 외에도 선배 라인 쿡을 위해서 대신 기물들은 챙겨주기도 했다.

플레이트 점검/계획/준비

레스토랑에서는 가정 요리와 다르게 메뉴의 특성을 살리기 위해 다양한 플레이트를 사용한다.

식자재와 조리도구 준비가 끝나면 다 만든 메뉴를 담을 접시를 스테이션으로 챙겨온다. 예상 판매량을 계획하고 이에 맞게 접시를 넉넉히 준비한다. 서비스 중에도 메뉴 판매 상황을 점검하여 플레이트의 개수가 부족할 경우 개수대dish washer에서 씻어놓은 접시를 다시 가져다 채워 놓았다. 메뉴의 조리가 끝나고 나서 접시를 찾으러 가느라 테이블로 메뉴를 내보내는 속도가 늦어지지 않도록 미리 준비했다.

주문 점검

외식업의 핵심은 고객을 응대하고 주문에 따라 음식을 만들고 제공하는 것이다. 주문을 점검하는 것은 매우 중요한 일이다. 주문이 들어오면 조리는 보통 10~20분 내 완성하는 것을 목표로 한다. 메뉴를 제시간에 제공하기 위해서는 주문이 들어오는지 계속 체크하는 일이 중요했다.

당시 포스 시스템은 Foh(Front of the House 주로 홀, 고객이 머무르는 공간)의 서버가 주문을 입력하면 Boh(Back of the House 주로 키친, 창고, 사무실 등의 공간)의 키친 프린터에서 띠리릭 띠리릭 하는 소리와 함께 주문지가 올라왔다. 주문지를 확인함과 동시에 조리를 시작했다. 음식마다 조리 시간이 다르기에 고객에게 동시에 제공하기 위해서는 조리 시작 시간이 각기 달랐다.

당시 클로즈 타임을 갖는 레스토랑이 많았다. 보통 오후 3~5시가 클로즈 타임이었지만 내가 근무한 파이브 레스토랑은 호텔의 룸서비스를 24시간 처리해야 하다 보니 그 시간에도 룸서비스 주문을 챙겨야 했다.

그래서 식자재 준비, 보충 등의 업무에 집중하면서도 귀를 열어둘 수밖에 없었다. 소리를 듣고 오더가 들어오는지 확인했고, 간혹 주문 확인을 위해 프린트를 쳐다보게 되었다. 주문을 놓치면 치명적이기 때문에 항상 체크해야 했다.

주문 점검은 키친에서 근무하는 모두에게 필수적으로 몸에 배도록 만들어야 하는 일이었다. 셰프들은 시끄러운 상황에서도 주문지가 올라오는 소리, 주문이 들어온 것을 귀신같이 알아차렸다. 다년간의 경험을 통해 시끄러운 환경 속에서도 주문지가 올라오는 그 소리를 순간적으로 캐치해낼 수 있는 능력이 발달했던 것 같다.

서비스 현황 점검

레스토랑의 업무는 팀플레이다. 아무리 내가 열심히 햄버거를 만들어 놓아도 서버가 고객에게 늦게 가져다준다면 고객은 결코 맛있게 먹을 수 없다. 그렇기에 항상 다른 팀원의 상황도 점검해야 했다.

코스요리의 경우 샐러드 – 면 요리 – 메인 요리 – 디저트의 흐름에서 지금 어떤 메뉴까지 나갔는지, 다른 라인 쿡이 어떤 테이블의 어떤 메뉴를 만들고 있는지를 점검해야 했다. 흐름에 맞추어 음식을 만들어야 한다. 다른 라인 쿡, 서버들과 보조를 맞춰 일을 해야 했다. 평소 고객에게 샐러드를 서빙하고 10~15분 후 파스타를 주었다고 해서 매번 그렇게 진행하기 어렵다. 고객마다 식사하는 속도가 다르기 때문이다.

라인 쿡은 고객을 직접 볼 수 없기에 서버들을 통해서 테이블 상황을 확인한다. 그렇게 공유 받은 상황을 통해 고객의 식사 속도에 맞추어 메뉴를 만들어 제공해야 고객에게 더 높은 만족을 이끌어 낼 수 있다.

업무의 기본, 점검

토마스 켈러, 헤스톤 블루멘탈, 에릭 리퍼트 등 내가 알고 있던 셰프의 모습은 화려했다. 뜨거운 불 앞에서 스테이크를 조리하거나 섬세하게 플레이팅 하는 모습이 인상적이었다. 그러나 그게 전부는 아니었다.

궁극적으로 셰프는 키친, 레스토랑, 고객과 관련된 모든 상황을 점검하여 고객이 만족하는 음식을 만들어 제공해야 한다. 그렇기에 셰프의 일은 처음부터 끝까지 모두 '점검'이라 할 수 있다. 결과는 과정으로부터 나오고, 과정은 준비와 점검으로부터 나온다. 그들이 유명한 셰프가 될 수 있었던 것은 결국 기본에 충실했기 때문이다.

점검 / 계획 / 조리의 반복

점검 후에는 계획하고 재료를 준비한 뒤, 조리가 이어졌다. 파이브 키친에서는 점심(11~13시), 저녁(18~21시)의 러시아워 동안 메뉴 조리에 집중하곤 하였다. 그 시간이 되면 평온하던 키친에 갑자기 주문이 쏟아져 들어오기 시작했다. 포스 프린터에서 주문지가 끊임없이 인쇄되어 나왔다. 주문지에 적혀있는 메뉴에 따라 조리에 들어갔다.

다만, 주문이 들어온 순서대로 하나씩 조리하는 것이 아니었다. 들어온 주문을 보고, 조리하고 테이블에 서빙하는 데

걸리는 시간을 역순으로 예상하고 계획하여 주문을 처리했다. 같은 테이블에 나가는 요리라면 조리시간이 15분 걸리는 T-Bone 스테이크 메뉴를 10분만에 완성할 수 있는 립아이 스테이크보다 먼저 조리해야 했다. 같은 테이블의 요리를 동시에 제공하기 위해서는 조리시간과 조리과정을 감안해야 했다. 그 테이블의 주문보다 먼저 들어온 주문, 나중에 들어온 주문도 챙겨야 했고, 그때까지 들어온 주문을 모두 종합해 머릿속으로 조리 순서 계획을 세우고 그 계획에 따라 시작했다. 주문을 점검하고 계획을 세우고 조리하는, 이 과정은 주문이 들어오는 동안 계속되었다.

주문 확인을 정확히 하고 계획을 완벽하게 세워서 메뉴를 멋지게 만들어 실수 없이 러시아워를 마무리하고 나면 성취감을 느끼곤 했었다. 때로는 서버가 주문지를 잘못 확인하여 엉뚱한 테이블에 메뉴를 가져다주거나, 셰프나 조리사들이 주문을 잘못 확인하여 주문한 요리 대신 다른 요리를 만들기도 했다. 이럴 때는 주문처리가 꼬여서 다음 주문에도 영향을 미쳤고, 그날은 온종일 힘든 날이 되기도 했다.

메뉴를 만드는 과정에서 주문을 정확히 점검하게 되었고, 계획을 세우고 조리하는 일을 반복한다. 주문 이외에도 식자재·조리도구·플레이트·서비스 현황까지 꾸준히 점검하고 그에 따라 계획을 세우고 실행하는 일이 셰프와 조리사의 일이다. 이러한 일을 매일매일 반복하는 동안 점검/계획/조리(실행)는 업무 습관으로 자리 잡는다.

되돌아보는 습관

호텔이나 큰 레스토랑의 키친에는 종종 워크인walk-in이라고 하는 냉장·냉동고가 있다. 워크인은 이름 그대로 걸어서 들어가는 냉장·냉동고다. 사용자의 부상 방지 및 워크인 파손 방지를 위해서 문에 완충장치가 있다. 그래서 보통 문이 잘 닫히지 않는다. 키친에 근무했던 초기에는 냉장고를 드나들며 문을 닫지 않고 나온 적이 많았다. 그냥 문을 뒤로 밀고는 닫혔다고 생각하고 나왔다.

워크인 냉장고에서 안쪽에 있는 식자재를 꺼내기 위해 그 앞에 있는 박스를 옆으로 옮기는 경우가 있었다. 그러고 나서 원하는 식자재를 찾아 꺼낸 뒤 정리 없이 바로 나온 적도 있었다. 그러던 어느 날, 나의 이런 잘못된 행동을 본 셰프가 나에게 따끔하게 일침했다. 그 이후부터는 식자재, 조리도구 등을 원래 있던 곳에 두었는지, 냉장고 문은 제대로 닫았는지 확인하는 습관을 들였다. 근무를 하다 보면 워크인에서 셰프를 만나는 경우가 종종 있었다. 셰프 역시 자신이 만진 식자재 및 박스를 다시 원위치로 돌려놓고 워크인에서 나갔다. 자신의 행동을 돌아보고 정리하는 모습을 꾸준히 보았다.

모두 지키고 있는 규칙을 내가 지키지 않았을 땐 쉽게 눈에 띄었다. 실수가 바로 드러나고, 빠르게 피드백을 받는 상황으로 인해 실수는 금방 개선되었다. 그렇게 내가 한 일을 되돌아보는 습관, 점검하는 습관은 자연스럽게 생겼다.

사람은 규칙이 있으면 그 규칙을 따르고 지키려고 노력하는 성향이 있다. 키친에서 근무하며 익힌 되돌아보는 습관은 나중에 직장생활뿐만 아니라 결혼생활에서도 도움이 되었다. 내가 한 일을 돌이켜보고 실수를 하지 않기 위해서, 규칙을 지키기 위해서 점검하고 노력하게 되었다.

셰프의 습관 3 & 4
[측정/평가]

레시피대로 조리하면 음식의 품질을 동일하게 유지할 수 있다. 레시피는 어떤 식자재를 어떤 방식으로 조리, 조합하여 메뉴를 완성하는지, 그 방법을 정리한 것이다.

레스토랑을 운영한다면 음식의 '꾸준한 품질'은 기본으로 갖추어야 할 사항이다. 요리의 맛이 매번 달라진다면 그 레스토랑을 계속 운영할 수 있을까? 한결같음은 고객과의 약속이다. 신규 고객에게는 기대 수준에 맞는, 혹은 그 이상의 메뉴를 경험하게 하고, 재방문 고객에게는 이전의 경험(마지막 경험)과 동일한 수준의 또는 그 이상의 메뉴를 제공해야 한다. 이를 위해서 레시피를 만들고 매번 정확히 준수하는 일은 필수이다.

품질을 측정하고 평가하는 일, 그리고 품질에 영향을 미치는 요소를 찾는 일은 셰프에게 익숙한 습관이다. 최종 완성된 요리뿐만이 아니라 조리를 시작하기 전에 사용하는 식자재의 품질도 필수적으로 측정하고 평가하여 품질 기준을 통과한 식자재만 사용한다. 식자재를 가지고 요리를 완성하는 과정에서 셰프의 측정하고 평가하는 습관은 매우 중요하다.

온도와 시간, 그리고 부피와 무게를 측정하는 일

레시피는 크게 두 가지 파트로 나뉜다. 먼저 식재료 파트ingredient에는 요리를 만들기 위해 들어가는 식자재의 종류, 식자재의 양, 식자재의 규격이 적혀있다. 조리방법 파트method에는 조리 온도temperature와 조리 시간time, 그리고 과정process이 자세히 나와 있다. 레시피를 따라 만들면 항상 동일하고 완성도 높은 메뉴를 만들 수 있다. 이를 위해선 온도, 시간, 양을 필수적으로 측정해야 한다.

오븐에서 204℃로 10분 조리하라는 레시피를 따르기 위해서는 온도와 시간을 정확히 측정해야 한다. 키친에서는 한 번에 한 가지 요리만 하는 것이 아니다. 동시에 여러 가지 메뉴를 조리하는 경우가 많고 그 과정에서 온도, 시간, 양을 계속 측정한다. 요리의 시작부터 마무리까지 꾸준히 측정했다. 조리사로 근무하며 하루에 했던 일 중에 가장 많이 했던 일이었다.

프라이드치킨은 170℃의 기름에서 10~12분 조리했고, 햄버거 패티는 굽기에 따라 204℃ 오븐에서 5~10분 구웠다.

냉장고의 온도 역시 체크했다. 가끔 냉장고가 고장이 나거나 문이 열려있는 경우 온도가 올라갔고, 보관된 식자재는 변질될 수도 있었다. 보통 5℃~60℃는 세균이 번식하기 좋고, 식중독균이 증식하기 좋은 온도이다. 냉장고 온도를 체크해서 기준 온도인 5℃를 넘어 10℃ 이상이거나 냉동고 역시 기준온도 −18℃를 넘어 −13℃ 이상일 경우 성능에 이상이 있는지 기술팀에 점검 요청을 하곤 했다. 끓여놓은 소스는 빠르게 식혔다. 뜨거운 소스를 얼음물에 담가 식혀서, 밀봉하여 냉장고에 보관하였다. 이 역시 세균이 번식하기 좋은 온도를 피하기 위함이었다.

키친에서 조리시간을 측정하기 위해서는 주로 타이머를 사용한다. 균일한 품질로 조리하기 위해서는 매번 레시피에 적혀있는 시간 동안 조리를 해야 했다. 정해진 시간 동안 조리하기 위해서 시작할 때 타이머를 설정하고 타이머가 울리면 조리를 마무리하곤 하였다. 균일한 맛을 내기 위해서는 정해진 양의 식재료를 넣어야 했다. 키친에서는 양을 측정하기 쉽게 측정이 가능한 조리도구를 썼다.

국자의 경우 1온스(29.57ml), 2온스(59.14ml) 등의 규격으로 나온 조리도구를 주로 사용했다. 소스 양을 쉽게 측정해서 넣을 수 있었다. 셰프들은 측정이 가능한 조리도구를 기준으로 양, 무게를 정하여 레시피를 만든다. 매번 소스를 넣을 때마다 저울(무게), 계량컵(부피)을 사용해서 측정할 수가 없으니 측정 기능이 있는 조리도구를 사용했다.

식자재를 담는 용기에도 정해진 규격이 있었다. 1L, 2L, 5L, 10L, 20L 용량의 용기에 채우면 정해진 양만큼 측정해서 사용할 수 있었다. 높은 품질, 균일한 품질의 메뉴를 만들기 위해서 측정은 필수였고, 오랜 시간 동안 반복하다 보면 조리사, 셰프에게는 필수적인 업무 습관으로 자리 잡는다.

요리의 품질을 평가하는 일

식당에서 주문한 음식의 맛이 어떤지 물어보는 경우를 한번쯤 경험했을 것이다. 아마 대부분 '맛있다'라고 짧게 대답했을 것이다. 음식을 평가받고 싶어 하는 셰프의 입장에서는 더 구체적으로 평가받고 싶은데 그렇지 못한 경우가 많다.

접시 위에 남겨진 음식은 거짓말을 하지 않는다. 음식이 맛있었다면 남아있는 경우는 거의 없다. 하지만 음식이 많이 남아있다면? 고객이 만족하지 못했을 가능성이 높다. 그리고 그것이 지속된다면? 그 음식의 메뉴를 다시 한 번 점검해야 할 필요가 있다.

키친에서 근무하던 초기에 셰프의 행동에 의문이 들었다.

셰프가 종종 퇴식구로 가는 것이었다. 퇴식구는 고객의 테이블에서 나온 접시들을 세척하기 위해 모아둔 곳이었다. 셰프는 돌아온 접시를 보면서 고객이 요리를 어떻게 즐겼는지, 어떤 요리를 잘 먹었는지, 어떤 요리를 많이 남겼는지 확인할 수 있기에 이곳을 찾았다. 즉, 고객의 만족도를 간접적으로라도 측정하기 위해 퇴식구의 접시까지 확인하는 것이었다. 그리고 측정 결과를 반영하여 타깃 고객의 기호에 맞게 메뉴를 개선할 수 있었다. 간혹 셰프가 키친을 떠나 고객 테이블을 둘러보고 오는 일도 같은 목적이었을 것이다.

내가 만든 음식을 고객이 맛있게 잘 먹어주기를 바라는 게 셰프의 마음이다. 셰프는 자신이 만든 음식을 고객이 더 맛있게, 더 잘 먹을 수 있게 개선하기 위해 꾸준히 노력한다. 즉, 노력의 결과물(요리의 품질)을 평가하는 일은 셰프에게 습관으로 자리 잡았다.

셰프의 습관 5
[기록]

키친에서 자주 쓰는 미즈앙플라스Mise en place라는 용어가 있다. 프랑스어로 "요리에 필요한 모든 재료를 요리 바로 직전에 사용할 수 있도록 준비하는 것"이다.

셰프는 늘 각 스테이션의 조리사들에게 어디까지 준비했는지 점검, 확인했다. 점심·저녁 영업이 시작되기 전에 미즈앙플라스를 완료하여야 수월하게 영업을 할 수 있었다. 미즈앙플라스를 위해 업무 리스트를 정리하고 진척현황을 점검했던 일은 키친에서의 업무를 수월히 만들어 줬다. 매일매일 반복적으로 현 상태를 점검하고, 미흡한 부분을 준비/실행하고, 다시 점검하는 일을 했다. 하루하루 반복하며 업무 습관으로 자리 잡았다.

파이브 키친에서 일할 때 기록하는 습관은 더욱더 중요했다. 영어가 능숙하지 않았음에도 미국의 키친에서 적응할 수 있었던 비결은 바로 기록이었다. 미숙한 영어실력이라 영어나 프랑스어로 조리 용어를 들으면 알아듣지 못할 때가 종종 있었기 때문에 무조건 받아썼다.

한 번은 셰프가 '코니숑'을 가져다 달라고 했다. 처음 듣는 용어였다. 첫 글자가 '코'라는 것을 시작으로 유추하여 냉장창고에서 C로 시작하는 식재료를 열심히 찾았고 결국 'Cornichon'을 찾았다. 프랑스어로 '작은 오이'를 뜻했다.

이 일 이후 기록을 습관화했다. 기록을 남겨두면 혹여나 철자가 틀리더라도 누군가에게 물어보고 도움 받기 쉬웠다. 미국 생활 초기에, 키친에서 적응하는 과정에서 말로 하는 것보다 글로 써서 커뮤니케이션하는 것이 나을 때가 훨씬 많았다. 나의 영어 발음이 좋지 않은 탓도 있었다. 쓰지 않고 듣기만 하는 것보다 들으면서 쓰고, 기록을 남기는 것이, 무조건 낫다는 것을 경험에서 다시 배웠다.

셰프의 습관 6
[학습]

학습할 때 자주 쓰이는 방법은 문헌조사, 관찰, 그리고 실험이다.

첫 번째, 문헌조사는 이미 누군가가 관찰하여 실험한 내용을 정리하여 기록한 것이다. 책에는 다양한 이론과 사례들이 잘 정리되어 있다. 책을 통해서 검증된 자료를 신속하고 빠르게 얻을 수 있다.

두 번째 방법은 관찰이다. 내가 원하는 그 무언가가 이루어진 상황이나, 이를 이루어낸 사람을 관찰하는 것이다. 예를 들어 요리를 잘하고 싶다면, 내가 원하는 요리를 가장 잘 만드는 사람을 찾아서 어떻게 하는지 관찰하면 된다.

마지막 방법은 실험이다. 시간과 비용이 많이 드는 방법이지만 이해하기 쉽고, 원하는 내용을 정확하게 알 수 있는 방법이다. 과정과 결과를 확인하여 내가 궁금해 했던 부분, 즉, “A는 B 일 것이다.”라는 가설이 맞는지를 확인해보는 것이다. 가장 확실히 배울 수 있는 방법이라고 할 수 있다. 게다가 직접 경험한 내용은 책이나 관찰을 통해서 배운 내용보다 더 정확히 기억하고 쉽게 재연할 수 있다. 자전거를 타 본 사람은 시간이 지나더라도 다시 자전거를 탈 수 있지 않은가? 책으로만 자전거를 보거나 다른 사람이 타는 것을 관찰하는 것보다 생생히 배울 수 있고, 기억에 오래 남는다.

세 가지의 학습법을 셰프의 관점에서 살펴보자. 셰프들은 새로운 조리법과 식자재 등 궁금한 부분을 알아내고 배우기 위해 요리책Cookbook이나 레시피Recipe를 참고한다. 문헌조사라고 할 수 있다.

같이 근무했던 셰프들의 책꽂이에는 많은 요리책(레시피북)이 꽂혀 있었다. 셰프의 책장에 꽂혀진 수백 권의 요리책을 보며 셰프에게 물었다. “이 책을 다 읽었어요?” 대답은 예상 밖이었다. 아직 다 읽지 못했다는 것이다. 그런데 다 읽지 않았더라도, 필요할 때 발췌독(책의 일부 내용을 발췌하여 필요한 것만 읽는 독서법을 말한다.)을 하여 원하는 정보를 찾아낸다고 했다.

서적을 통한 학습 이외에도 셰프들은 꾸준히 관찰하고 벤치마킹을 한다. 훌륭한 셰프일수록 다른 셰프들이 만든 요리를 자주 경험하려고 노력한다. 다양한 요리를 경험하며, 자신의 요리와 비교하고, 어떻게 더 훌륭한 요리를 만들 수 있을지 고민하고 방법을 찾는다. 그래서 다른 셰프들이 운영하는 레스토랑에 가서 자주 테이스팅을 하며, 다른 스타일의 음식, 메뉴를 관찰하는 노력을 게을리하지 않는다. 평소에 식사를 할 때도 메뉴를 꾸준히 관찰한다.

그들은 늘 실험하는 존재이다. 부지런한 셰프들은 꾸준히 식재료, 조리법, 메뉴 구성을 바꾼다. 다양한 시도를 하면서 고객을 만족시키기 위해 노력한다. 한계효용 체감◆의 법칙에 따라 처음에는 매우 맛있다고 느껴졌던 요리가 다음에 먹을 때는 처음보다 못하다고 느낄 때가 있다.

세월이 지나면서 고객의 입맛도 조금씩 변한다. 변해가는 입맛과 트렌드에 따라 음식에도 조금씩 변화를 주어야 한다. 그런 노력이 고객을 계속 만족시킬 수 있다. 고객이 만족해야만 셰프는 자신이 만든 음식을 다시 고객에게 대접할 기회를 얻을 수 있다.

셰프들은 꾸준히 더 나은 메뉴를 만들기 위해, 신메뉴를 만

◆ 한계효용 체감의 법칙 : 일정한 기간 동안 소비되는 재화의 수량이 증가할수록 재화의 추가분에서 얻는 한계 효용은 점점 줄어든다.

들고, 기존의 메뉴에 변화를 주기 위해 노력한다. 이 과정은 실험이라고 할 수 있다. 좋은 결과를 얻기 위해 독립변수◆(실험 결과에 영향을 미치는 요인)를 바꿔가며 실험하는 것이다. 독립변수 중의 하나인 조리법, 식자재를 바꿔가면서 기존 메뉴를 더 맛있게 만드는 방법을 찾기 위해, 또 새로운 메뉴를 만들기 위해, 궁극적으로 고객을 만족시키기 위해 노력한다. 그리고 결과를 기록해둔다.

인생 역시 나와 내 주변의 사람들에게 가장 행복한 결과를 가져오는 레시피를 찾는 실험이자 공부가 아닐까?

◆ 독립변수 : 어떠한 효과를 관찰하기 위하여 실험적으로 조작되거나 혹은 통제된 변수를 말한다.

셰프의 습관 7
[인내]

키친은 불을 기본으로 사용하기 때문에 더울 수밖에 없다. 조리하는 과정에서 발생하는 열과 육수 등을 끓이는 과정에서 수증기가 발생한다. 이로 인해 평소 키친은 습하고 덥다.

키친에 가만히 서있기만 해도 땀이 흘렀다. 오븐 등의 기구에서 꾸준히 뿜어져 나오는 열기와 실시간으로 조리하는 과정에서 나오는 열기가 더해지면 키친은 그야말로 찜통이었다. 게다가 뜨거운 불 위에서 직화로 스테이크를 구워야 하고, 두꺼운 장갑을 뚫고 올라오는 팬의 열기도 참아야 했다.

키친에서 어려운 일 중 하나는 무거운 식자재를 옮기는 것이다. 식자재를 대량으로 손질하는 경우가 많다. 송아지 육수

veal stock를 한 번 끓이기 위해 사용하는 송아지 뼈는 최소 수십 킬로그램이다. 이러한 식자재를 손질하고 조리하는 과정에서 무거운 식자재를 들고 옮겨야 한다. 무거운 육수통을 잘못 들었다가 허리를 다치는 조리사들을 많이 봐왔다.

아찔한 순간의 연속을 볼 수 있는 공간이 바로 키친이다. 그렇기에 드라마를 보면 셰프들이 불같이 화를 내는 카리스마 있는 모습을 보이는 것도 한편으로는 이해가 된다. 한 번의 사고는 되돌릴 수 없는 부상으로 이어지기 때문이다.

주문이 몰리는 러시아워에는 자신의 스테이션에 정위치 한다. 그 시간은 마치 전쟁터와 같다. 빗발치는 총알처럼 쉴 새 없이 주문이 쏟아진다. 그 시간대에는 화장실은커녕 물 한 모금 마실 수도 없다. 생리적 욕구 조절도 셰프의 중요한 습관 중 하나다.

셰프들은 조리사 시절에 힘들고 어려운 일을 참고 견디는 일을 반복해 왔다. 힘들고 어렵지만 참고 견디며 꾸준히 노력하고 난 후에는 원하는 기술을 터득할 수 있다. 향상된 기술을 이용하여 보다 맛있는 음식을 만들어내는 성취감을 얻을 것이다. 참고 견디며 열심히 하다 보면 결국 원하는 목표를 얻을 수 있다는 것을 수년간의 조리사 경험을 통해 알게 되었다.

습관의 원리

찰스두히그의 《습관의 힘》을 참고하면 습관의 원리에 대해 더욱 자세히 알 수 있다. 습관이 형성되는 이유는 우리 뇌가 활동을 절약할 방법을 끊임없이 찾기 때문이다. 습관은 뇌에 휴식할 시간을 준다. 뇌가 활동을 절약하려는 본능은 우리에게 상당히 유리하게 작용한다. 뇌가 효율적으로 작동하면 크기가 줄어들 수 있고, 머리 크기도 작아질 수 있다. 그러면 분만하기도 쉬워지고, 생존율이 높아진다. 습관을 통해 기본적인 행위에 들어가는 에너지를 줄일 수 있고, 남는 에너지를 더욱 창조적인 일에 사용할 수 있다. 그러나 뇌가 엉뚱한 순간에 작동을 정지하면 위험에 처할 수 있다. 그렇기에 우리의 뇌는 신호를 통해 습관을 사용할지 말아야 할지 결정하게 된다.

습관은 3단계의 고리로 이루어진다고 한다. 바로 '신호 – 반복 행동 – 보상'이다. 첫 단계는 신호이다. 신호는 뇌에 자동 모드로 들어가 어떤 습관을 사용하라고 명령하는 자극이다. 다음 단계는 반복 행동으로 몸의 행동으로 나타나기도 하고, 심리 상태나 감정의 변화로도 나타날 수 있다. 마지막 단계는 보상이다. 보상은 뇌가 이 특정한 고리를 앞으로도 계속 기억할 가치가 있는지 판단하는 기준이 된다. 시간이 지나면서 신호 – 반복 행동 – 보상이 반복되면 습관 고리는 점점 기계적으로 변해 간다. 어떤 습관이 형성되면, 뇌가 의사 결정에 참여하는 것을 완전히 중단한다. 그래서 새로운 반복 행동을 찾아내지 않으면 그 습관 패턴이 자동으로 전개된다.

우리 뇌는 좋은 습관과 나쁜 습관을 구분하지 못한다고 한다. 나쁜 습관도 항상 우리 머릿속에 숨어 있으면서 적절한 신호와 보상이 주어지기를 기다린다. 그래서 기존의 습관을 바꾸는 것이 어렵다고 저자는 말한다. 책을 읽고 나니 신호 – 반복 행동 – 보상을 설계하는 방법으로 기존의 습관을 바꾸고 개선하여 새로운 좋은 습관을 만들 수 있음을 깨달았다.

우리는 신호를 느끼고 그 뒤 반복행동을 취하고, 그 결과로 보상을 얻는다. 이 메커니즘을 통해서 반복하는 행동이 습관이 되고, 시간이 지나면서 습관은 강해진다.

나는 '반복 행동을 조금 더 좋은 행동으로 바꾸어서 기존의 습관을 좋은 습관으로 바꿀 수도 있다'는 가설을 세웠다. 이 가설을 증명하기 위해 실험을 시작했다.

셰프의 습관이란?

키친이라는 공간에서 반복되는 셰프의 지시와 고객의 주문이 신호가 되어 재료 손질, 계량, 조리, 메뉴 플레이팅 등을 꾸준히 반복하다 보면 기술을 익히고 향상된다. 향상된 기술로 맛있는 음식을 만들어내는 성취감이 보상으로 돌아온다. 이는 습관 형성의 원리와 같다. 결국, 기술을 쌓아가는 과정은 좋은 습관을 만드는 것이라고 할 수 있다.

주문 확인(신호) - 조리(반복 행동) - 요리 완성(성취감/보상)

셰프의 습관 형성 고리

신호에 반응하여, 또는 동기나 의도를 가지고 행동을 반복하면 습관이 만들어지고, 습관은 다시 그 행동을 반복하도록 만든다. 시간이 지날수록 점점 쉽게 행동을 반복할 수 있게 된다. 습관은 내가 계획한 행동을 수월히 반복하고 지속하게 도와줄 강력한 도구이다.

셰프의 습관

습관 형성 원리

반복하는 행동이 습관이 된다!

3장

셰프의 습관을 나에게 적용하면 어떨까?

모두가 세상을 변화시키려고 생각하지만
정작 스스로 변하겠다고 생각하는 사람은 없다.

— 톨스토이

나부터 실험해보면 어떨까

셰프들의 습관을 나에게 적용하면 어떨까? 시작은 아주 사소한 질문에서부터 시작됐다. 맛있는 음식을 만드는 것이 셰프의 목표이며, 목표 달성 과정에서 그들은 습관을 만든다. 이 습관들이 맛있는 음식을 만드는 것뿐만 아니라, 목표를 달성하도록 도와주는 좋은 도구가 될 수 있지 않을까?

생각이 거기까지 미치자 습관을 활용해서 체중을 감량해보기로 마음을 먹었다. 그래 한번 도전해보자는 생각으로 셰프의 7가지 습관에서 핵심습관을 뽑아내어 체중 관리에 활용해보는 실험을 시작했다.

왜 체중 감량이 중요할까?

단기간에 체중을 감량하는 것은 비교적 쉽다. 음식 섭취량을 줄이고, 운동을 하면 체중을 비교적 빨리 감량할 수 있다. 그런데 30대가 되면 단 기간에 체중을 감량하는 것은 쉬운 일이 아니다. 보통 30대 초중반은 직장을 다니며 업무에 익숙해지는 시기, 혹은 결혼해서 가정을 만들어 가는 시기이다.

계속된 야근과 아기가 태어난 가정환경은 꾸준하게 운동할 수 있는 여건을 만들기 매우 어렵다. 다른 중요한 일에 비해 운동의 우선순위가 뒤로 밀리게 된다. 운동과 연애, 두 가지만 놓고 보면 상황에 따라 운동도 하고 연애도 할 수 있도록 스케줄을 관리하면 된다.

하지만 업무, 교육, 운동, 연애, 거기에 결혼을 했다면 아내와 자녀까지 다양하고 중요한 일들이 많아진다. 30대에는 운동의 우선순위는 뒤로 밀릴 수 밖에 없다. 나도 결혼하고 둘째까지 생기니 체중 감량을 위한 운동은 우선순위에서 제일 마지막으로 밀리게 되었다.

운동만으로 체중을 감량하기 위해서는 시간과 노력을 아주 많이 들여야 한다. 1㎏을 감량하기 위해 보통 7,000㎉ 정도 소모해야 한다. 체지방 600g을 줄인다는 목표에서 말이다. 이는 러닝머신에서 25시간이나 뛰어야 소모할 수 있는 수치이다. 보통 1시간에 30㎉을 소모할 수 있으니 한 달(일요일 빼고 약 25일)을 매일 1시간씩 러닝머신을 뛰어야 겨우 1㎏을 감량할 수 있는 것이다. 이 사실을 전혀 모르고 운동으로 체중 감량을 시도했다가 실패와 좌절감을 여러 번 맛보았다.

30대에는 운동이 아니라 식이조절을 통해, 건강한 식습관을 들여서 살이 빠지는, 살이 다시 찌지 않는 체질로 만들어야 한다. 운동은 근육을 만들고, 좋은 체형을 만드는 방법으로 활용하는 것이 좋다. 체중 감량은 식습관 개선으로 해야 한다는 것이 20대 이후 경험과 실험, 벤치마킹, 그리고 책을 통해서 학습한 뒤 내린 결론이다.

핵심습관을 활용하여 좋은 생활습관, 건강한 식습관을 들이면 수월히 체중 감량을 할 수 있지 않을까? 요요 없이 날씬한 체형을 그대로 유지할 수 있지 않을까? 좋은 습관을 만들면 체중 감량 말고도 원하는 목표들을 수월히 달성할 수 있지 않을까?

이러한 의문을 풀기 위해 우선 체중 감량에 도전하였다. 그리고 40여 일 만에 13*kg*을 감량하여 70*kg* 후반이 됐다. 셰프의 습관을 활용한 체중 관리에 적용한 결과는 놀라웠다. 3장에서는 그 과정과 이야기를 풀어가고자 한다.

체중 감량이 아닌
사소한 몸무게 측정

90㎏을 넘긴 후 몸무게를 재지 않기 시작했다. 굳이 확인해서 좋을 일이 없으니까 말이다. 어차피 몇 번의 체중 감량 실패로 지칠 만큼 지쳐 있었다. 올라가 봤자 스트레스만 받고, 올라간다고 달라지는 것은 없으니까 체중을 재지 않았다.

그럼에도 불구하고 1년에 한 번 있는 회사 정기 검진은 피할 수가 없었다. 정기 검진이 끝나는 날은 스트레스가 극도에 달해 폭식을 하는 경우가 많았다.

인간이란 존재는 피하고 싶은 상황이 생기면 자연스럽게 그곳에서 벗어나고자 한다. 카드 결제 후 통장에 남은 잔고를 확인하는 순간, 무언가 싫은 소리를 들을 것 같은 순간 등 자신이 감당하기 어렵거나 두려운 순간을 만나면 회피할 방법을 찾기 마련이다.

하지만 체중 감량을 결심한 후 가장 먼저 한 행동은 내 몸무게를 '측정'하는 것이었다. 현재 상태를 알아야 앞으로 어떻게 해나갈 것인지 구체적 계획을 세울 수 있기 때문이었다. 현재 상태도 모르는데 얼마만큼 줄이겠다고 목표를 세우겠는가? 우선 현재의 몸무게를 인정하고 싶지 않더라도 체중계 위에 올라가야 한다. 그 행동이 체중 감량을 위한 첫걸음이다.

나에게 체중 감량 비법을 묻는 분들이 많이 생겼다. 나의 대답은 항상 같다.

"우선 아침에 일어나서, 밤에 자기 전에, 하루 두 번 몸무게를 측정해보세요."

그러나 비결을 알려준 뒤에 실제로 몸무게를 꾸준히 측정하는 사람은 드물었다. 나 역시 초기에 매일 체중 측정을 하기 매우 힘들었다.

체중 감량을 무조건 해야 한다고 생각하지 말고, 몸무게만 확인하는 것으로 목표를 바꾸자. 스티븐 기즈의 《습관의 재발견》에 따르면 "지킬 수 없는 위대한 목표보다 지킬 수 있는 사소한 행동이 당신의 인생을 극적으로 바꾼다"라고 한다. 그러니 위대한 목표인 체중 감량이 아니라 사소한 행동인 몸무게 측정으로 방향을 선회하자. 작은 행동으로 바꾸면 쉽게 시작할 수 있다.

스티븐 기즈는 팔 굽혀 펴기를 하나만 하는 목표를 세우고 달성했다. 너무 쉬워서 달성할 수밖에 없는 목표를 세우고 도전했다. 그리고 이 목표를 수용 가능한 범위에서 조금씩 높여 나가면서 계속 도전하여 결국 팔 굽혀 펴기를 처음보다 훨씬 많이 할 수 있게 되었다. 그런데 처음부터 팔 굽혀 펴기를 50개 하겠다고 목표를 세웠다면 어땠을까? 힘들고 부담을 느끼는 목표이기에 달성하기 어려웠을 것이다.

현실을 인정하는 일은 힘들다

몸무게를 측정하기 시작했던 초기에는 체중계에 오르는 것이 견디기 힘들었다. 내 몸무게가 90*kg*이 넘는다는 것을 알고 있었지만, 받아들이기 어려웠다. 하지만 받아들이지 않았기 때문에 개선할 방법도 없었다. 그래서 딱 몸무게만 측정해보자는 생각에 체중계에 올라서기 시작했다. 체중계에 올라가는 일을 반복하다 보니 결국 현재의 몸무게를 '인정'하게 되었다.

나의 지금, 100*kg*에 육박하는 현실에 대해 인정하게 되면서 그것을 부정하지 않게 되었다. 하루도 빠지지 않고 매일 측정하기 위해 노력했다. 기상 후 달력을 보러 가는 동시에 몸무게를 측정했다. 퇴근 후 집에 돌아와 달력에 주요 일정(결혼식, 돌잔치, 교육, 시험 등)을 적으면서 다시 측정했다. 이 아주 사소한 습관은 현실을 바라보고 나의 지금을 인정하게 만들었다. 체중을 감량하기 위한 변화의 가장 중요한 지점이다.

몸무게 측정을 습관으로 만들기

어느 날 아침, 자동차 키를 찾다가 10분 이상 허비했다. 보통은 안방 TV 옆이나 입고 다니는 상의 안주머니에 넣어두었고 여기에도 없으면 아침에 갈아입었던 바지 주머니 속에 들어있었다. 매일 아침 다른 위치에 있을 때가 많다 보니 찾느라 버려지는 시간이 많았다.

그 사소한 경험과 반복되는 불편함을 느끼며 조리사로 일할 때의 '정위치'를 떠올리게 되었다. 물건을 항상 같은 곳에 놓아두는 것이다. 키친에서 햄버거 주문이 들어오면 선반 위의 통에 담긴 번, 항상 그 자리에 놓여있는 번을 몸과 손이 저절로 움직여서 꺼내곤 했다. 전혀 힘을 들이지 않고, 쉽게 햄버거를 만들 수 있었다. 이 경험을 떠올리고는 키를 항상 TV 옆에 두기 시작했다. 이 사소한 행동은 아침에 버려지는 10분을 줄여줬고 출근 준비를 한결 수월하게 만들었다.

'차 키를 빨리 쉽게 찾고, 시간 허비를 줄이는 것'은 보상이었다. 보상을 느끼고 나니 '차 키를 TV 옆에 두는' 습관을 들이는 게 더 쉬워지는 경험을 하게 되었다.

여기서 아이디어를 얻어 몸무게 측정을 습관으로 만드는 시도를 해봤다. 우선 아침에 일어나서 하는 행동을 보면 세면, 옷 입기, 아침식사, 서류 가방 및 소지품 챙기기, 집을 나서기 등 매일 일정했다.

매일 반복되는 이 과정에 '몸무게 측정'이라는 과정을 하나 더 넣을 수 있다면? 아침에 하는 행동 대부분은 잠이 덜 깬 상태에서도 충분히 할 수 있는 행동이다. 이것들은 꾸준히 반복하다 보니 습관이 된 것이다. 머리를 감을 때 샴푸를 펌핑하는 횟수나, 칫솔을 잡는 손, 치약을 짜는 방식도 매일 동일할 것이다. 세수를 하고 나서 머리를 감는지, 머리를 감고 세수를 하는지 돌아보자. 잘 기억이 나지 않는다. 그런데도 매일 아침, 욕실에 들어가면 내 몸이 저절로, 자동으로 실행하지 않던가?

《무엇이 평범한 그들을 최고로 만들었을까》를 참고하면, 우리는 의식 체계 영역에서 생각하면서 하는 행동 중에서 지속적으로 반복하는 행동을, 무의식적으로 자동 체계 영역으로 보내버리고 습관화시킨다. 이유는 그게 에너지를 덜 쓰는 방법이기 때문이다.

나는 매일 아침 일어나면 서랍장에 놓인 달력을 확인했다. 키친에서의 경험과 직장생활을 하는 동안 몸에 밴 습관 때문이었다. 달력에 적혀 있는 중요사항과 메모를 확인하기 위함이었다. 출장, 모임 등 주요 일정을 확인해서 그날 하루를 계획했다. 몸무게를 보다 쉽게, 습관적으로 측정을 하기 위해서 달력이 놓인 '그 서랍장' 앞에 체중계를 갖다 두었다. 달력을 보러 가면서 체중계 위에 저절로 올라가는 행동을 계획한 것이다.

측정하는 습관을 들이자 : 주기적으로 (매일 아침과 밤, 하루 두 번) 측정하여 데이터를 얻는다

우선 체중을 측정하는 일을 습관으로 만들어야 한다. 습관이 되면 모든 일은 쉬워진다. 아침에 일어나서 하는 행동과 침실, 거실, 화장실 등 매일 지나다니는 동선을 확인하고, 지나가는 길에 체중계를 두어 잠시 멈춰서 측정할 수 있도록 계획해야 한다. 아침마다 늘 들르는 곳, 멈추는 곳에 체중계를 두는 것이 좋다.

당질 제한, 간헐적 단식 등을 하면 체중이 확실히 눈에 띄게 줄어들 것이다. 이미 검증된 방법이기에 적은 노력만으로 체중 감량이 가능하다. 하지만 지속적으로 체중을 측정하는 습관을 들이지 않는다면, 요요가 다시 올 확률이 높다. 꾸준히 매일 측정하지 않으면, 몸무게가 내가 원하는 범위에 있는지, 벗어났는지를 즉시 확인할 수 없기 때문이다.

처음에는 체중 측정 자체가 힘들 수 있다. 그렇기에 며칠 동안 체중 측정을 반복하는데 성공했다고 해서 다음 단계로 넘어가지 말고 최소 1주일(1주기)+1일 이상의 시간을 갖고 체중을 매일 아침과 밤에, 2번씩 측정하는 습관을 들여야 한다.

그런데 체중 측정하는 시간이 매일 불규칙할 수 있다. 주말에는 기상시간이 늦어지고 생활패턴이 변경된다. 그래서 특정 시간이 아니라 '일어나서 바로', '자기 전에 바로'라는 측정 시점을 제안한다.

혹시 의구심이 들 수도 있다. 매일 체중을 측정하는 시간이 다르면 편차가 있지 않을까 하는 우려가 있을 수 있다. 당연히 측정하는 시점에 따라 편차가 있다. 경우에 따라서 체중계의 배터리가 소모되어 체중을 측정하지 못하는 날이 있을 수도 있다. 하지만 체중을 꾸준히 측정하다 보면 기존에 가지고 있는 데이터의 패턴 분석을 통해 측정하지 못한 날의 몸무게(데이터)까지 추정할 수 있다. 꾸준히 측정하다 보면 몸무게 데이터 변화의 정확한 규칙도 알아챌 수 있다. 이 데이터가 쌓이면 전략으로 탈바꿈이 가능하다. 그래서 무조건 측정해야 하고, 자동 체계(무의식적인 습관)를 활용하여 에너지를 덜 쓰면서 측정해야 하는 것이다.

셰프의 습관 1

측정하는 습관

하루에 2번(아침과 밤) 측정하자.

습관을 만드는데 걸리는 기간

습관을 만드는데 21일, 66번 등 다양한 의견이 있다. 나는 습관형성에는 최소 1주기 + 1번이 걸린다고 생각한다. 이 역시 키친에서의 경험이다. 규칙적으로 행동을 반복하면 습관으로 만들 수 있다. 1주기가 지나고 다음 주기가 되어서도 목표로 하는 행동을 반복하게 된다면 습관으로 만들 수 있다. 짧게는 1주일 + 1일이라고 할 수 있다. 피트니스센터를 월요일부터 금요일까지 무사히 나가고, 그 다음 주 월요일에 다시 나갔다면 피트니스센터에 가는 습관을 들였다고 할 수 있다. 1주일이라는 한 주기가 지나고 다음 주기에 다시 반복했다면 습관이 형성된 것으로 볼 수 있다.

다만, 습관을 만들기 위해서는 신호(정해진 시간, 알람 등의 규칙적인 신호)가 확실해야 한다. 그중 강력한 것은 '같은 시간'이다. 매일 동일한 시간, 예를 들어, 9시에 팔 굽혀 펴기를 2개씩 해보자. 1주일이 지나고 그 행동이 익숙해지면 9시만 되면 몸이 저절로 움직일 것이다. 움직이지 않더라도 그냥 가만히 있는 것이 어색하다는 느낌이 드는 순간이 온다. 그것은 반복했던 행동이 습관으로 자리 잡기 시작했다는 신호이다.

작은 생활 습관을 만드는 방법_ 텀블러 들고 다니기

하루에 커피를 최소 3잔, 많게는 7~8잔까지 마신다. 매일 모든 커피를 브랜드 커피점에서 마실 여력이 되지 않았다. 그래서 텀블러를 들고 다니기로 마음먹었다.

《습관의 재발견》에서 보상의 선순환 고리라는 개념이 나온다. '작은 습관 ⇨ 보상 ⇨ 긍정적 변화 ⇨ 성취의 기쁨'이다. 이 보상의 선순환 고리를 활용하여 습관을 만들기로 했다.

외출 시 무언가를 챙겨서 나간다는 게 번거로운 일이었다. 처음에는 챙겨 나오는 것을 잊기도 했다. 집을 나서고 나서 다시 가지러 간 적도 있다.

습관을 들이기 위해서 인터넷 쇼핑몰에서 스타벅스 아이스 아메리카노 쿠폰(7+1)을 샀다. 우선 스타벅스에 가서 첫 번째 쿠폰으로 커피를 교환해서 마셨다. 당연히 내가 직접 타서 마시는 커피보다 맛과 향이 훨씬 좋았다. 그리고 텀블러를 들고 갈 때만 그 쿠폰을 쓰기로 계획했다. 보상(스타벅스 커피를 마시는 일)을 이미 경험하고 나니, 쿠폰을 써서 커피를 교환하겠다는 목표 때문에 집에서 나갈 때 수월하게 텀블러를 챙기게 되었다.

이후 7번을 반복하여 7잔의 아이스 아메리카노를 다 교환해서 먹고 나니 텀블러를 들고 다니는 일은 자연스럽게 습관으로 자리 잡았다. 습관으로 자리 잡고 나니 외출 시 커피를 타서 나가게 되었다. 텀블러를 이용하면서 일회용 컵과 빨대 등 일회용품 이용도 확연히 줄어들었기에 보람도 느꼈다.

텀블러를 들고 다니면서 보상과 성취의 기쁨을 느꼈고, 그 보상과 성취의 기쁨이 또다시 텀블러를 들고 다니도록 동기부여를 하는 보상의 선순환으로 이어졌다.

결국 작은 목표를 세우고 빠르게 보상과 혜택을 경험하는 방법이 습관을 들이는 좋은 방법이었다.

96.1kg과 96.9kg의 차이

물론 몸무게를 꾸준히 측정해도 큰 변화는 없었다. 다만 측정을 했으니 당연히 데이터가 남았다. 하지만 이때 한 가지 오류를 범한 것이 있었으니 바로 정확히 기록을 하지 않았다는 것이다. 96.1kg이었는지, 96.9kg이었는지 잘 기억나지 않을 때에는 보통 내림을 해서 96kg으로 기억했다.

나중에 알고 보니 800g의 차이는 생각보다 컸다. 하지만 그것을 몰랐던 처음에는 비슷하다고 인지했었다. 내림으로 기억하는 일은 일종의 합리화였다. 내가 기억하고 싶은 몸무게 값을 기억했다.

이후 더 정확한 현재의 상황을 점검하기 위해 측정한 몸무게를 바로 앞 달력에 기록하기 시작했다. 하루 두 번. 아침과 밤에 측정하고 달력에 기록했다. 측정만 하고 측정한 데이터를 기록을 하지 않으면 데이터를 활용할 수 없다. 키친에서 근무했을 때의 경험을 떠올렸다. 전년도 매출 데이터가 있으면, 올해에는 얼마나 많은 고객이 방문할 것인지, 그에 맞게 얼마만큼의 식자재를 준비해야 할지 미리 예상할 수 있어서 유익했다.

데이터가 있으면 세부 계획과 전략을 짤 수 있다. 만약, 전년도 데이터가 없다면 지난달 동일한 요일의 매출을 확인하면 된다. 그 데이터도 없다면, 지난주 같은 요일의 매출을 확인해서 예측하면 된다. 만약 지난주 같은 요일의 매출 데이터가 없다면 어제 매출 데이터라도 참고한다.

계획을 잘 세우기 위해서는 데이터가 필요하다. 어제 매출 데이터 하나만 있거나, 지난주 같은 요일의 매출 데이터만 있는 것보다, 지난달 동일한 요일의 매출, 그리고 전년도의 데이터까지 있다면 당일 매출을 예측하는 정확도가 높아지고 고객을 응대하기 위한 계획과 준비를 더 잘할 수 있다. 그만큼 축적된 데이터는 중요하다.

하지만 체계적으로 정리되지 못하고, 머릿속으로만 기억하고 있는 데이터는 활용도가 떨어진다. 종종 내가 원하는 대로 데이터를 왜곡하는 경우가 많다. 롤프 도벨리의 《불행 피하기 기술》에서는 이런 경향을 '자기 위주 편향'이라고 했다. 자기 위주의 편향된 데이터를 가지고선 계획, 전략을 세우기 힘들다.

특정 행동을 하고 나서 몸무게 측정 기록을 확인했더니 몸무게가 증가했다면 그 행동은 가급적 피해야 한다. 반대라면 자주 하도록 해야 한다. 이게 내 체중 감량 비법의 핵심이었다. 몸무게 측정 기록이 있기에 계획과 전략을 세울 수 있었다.

손으로 쓰는 감각은 대체할 수 없다. 손으로 쓰면 종이뿐만 아니라 뇌에 기록된 생각이 보다 오래 남는다. 시험공부를 할 때도 쓰면서 익힌 내용은 그냥 본 것보다 기억이 훨씬 오래간다. 나 역시 매일 아침, 밤 몸무게를 재고 달력에 쓰다 보니 내 몸무게를 정확히 알게 되었다. 손으로 직접 쓰고 나니 아침, 밤에 측정한 몸무게가 얼마였는지, 현재 내 몸무게를 기억하기 쉬워졌다.

매일 아침, 밤으로 몸무게를 측정하고 기록하니 데이터가 쌓이기 시작했다. 막연하게 90㎏가 넘는다고 생각했는데 정확한 수치를 알았다. 그리고 몸무게가 미세하지만 매일 조금씩 변하고 있다는 사실도 알게 되었다. 아침에 96㎏이었지만 밤에는 96㎏이 아니었다. 95.5㎏이 될 수도 있고, 96.5㎏이 되기도 했다. 달력에 적어두니 꾸준히 숫자가 바뀌고 측정한 데이터 간에 차이가 있다는 것을 쉽게 알아챌 수 있었다. 기록하지 않았을 때는 1~2일이 지나면 기억이 잘 나지 않았지만 기록을 하니 정확한 수치를 알 수 있었다.

그리고 발견한 공통점은 당연하게도 아침의 몸무게가 하루 중에 최저치라는 것이다. 보통 수면 중에는 땀이나 소변 등으로 수분 손실과 심지어 지방 분해까지 일어난다. 그래서 아침에 몸무게를 재면 전날 밤에 측정한 수치보다 줄어있었다. 2주 동안 측정, 기록한 데이터는 자고 일어나면 몸무게가 소폭 줄어든다는 사실을 알려주었다.

셰프의 습관 2

기록하는 습관

기록을 남기자, 측정 데이터를 기록하자.

많이 먹어서
살이 찌는 것이 아니다

아인슈타인은 “똑같은 일을 반복하면서 다른 결과를 기대하는 일”을 “미친 짓”이라고 했다. 이전에 실패했던 방법을 동일하게 반복한다고 성공을 얻을 수 없다. 돌이켜보니 30대가 되어 시도한 체중 감량은 실패할 수밖에 없었다. 체중 감량 방법에 대해서 정확하게 체계적으로 알고 있던 것도 아니었다. 다만, 몇 번의 도전에서 성공했던 경험에서 얻었던 몇 가지 요령을 알고 있었던 것뿐이었다.

정확한 방법을 학습하지 않고, 단지 과거의 경험에서 얻은 성공으로부터 추측해낸 방법은 상황과 조건이 바뀌면 재연하기 힘들다. 왜 성공했는지, 어떻게 성공했는지에 대한 정확한 분석과 원리에 대한 이해는 성공을 재연할 가능성을 높여준다.

체중 감량 방법을 학습하기 시작하다

여러 번의 체중 감량 경험에서 오는 직감을 믿었다. 식이요법을 통해 체중 감량을 하는 것이 낫다고 생각했다.

운동할 때는 섭취하는 열량보다 운동을 통해 소비하는 열량이 크기 때문에 지방이 분해되고 살이 빠지지만, 이후 운동을 안 하거나 못하게 될 경우, 소비하는 열량이 줄어들기 때문에 섭취 후 소비하고 남은 열량이 다시 지방으로 축적될 가능성이 높다. 결국 식습관은 그대로인데 단기간 운동으로 체중 감량을 하고, 식습관을 그대로 유지할 경우 다시 살이 찔 수밖에 없다.

직장생활과 자기계발, 그리고 결혼과 육아생활을 병행으로 운동을 지속적으로 할 여유가 없었다. 결국 식이요법, 식습관 변경을 통해 체중을 감량하기로 했다. 식습관과 관련된 책을 찾아보고 두 권의 책을 선택했다.

첫 번째 책은《먹고 단식하고 먹어라》이다. 내용을 읽다가 충격을 받았다. 지금까지 경험을 통해서 알고 있던 지식, 아니 느낌으로만 알고 있던 것들을 체계적으로 정리해 놓은 책이었다. 나는 체중 감량의 원리를 몰랐고 요령과 현상만 알고 있었다. 이 책을 통해서 지방 저장과 지방 분해의 핵심과 원리를 알게 되었다.

탄수화물/단백질은 1g에 4cal의 열량을, 지방은 1g에 9cal의 열량을 저장할 수 있다. 탄수화물/단백질보다 지방이 열량을 저장하기에 더 효율적인 형태이다. 동일한 열량을 상대적으로 적은 무게, 적은 부피로 저장할 수 있기 때문이다. 그래서 우리 몸은 식사를 하고 나서 남는 열량을 지방의 형태로 저장한다. 남는 열량을 지방이 아닌 단백질이나 탄수화물로 저장할 경우 우리 몸은 지금보다 훨씬 비대했을지도 모른다.

식사 후 신체가 활동을 하면서 섭취한 열량을 모두 사용하고 부족한 상태가 될 경우 지방을 분해해서 에너지로 사용하게 된다. 보통 음식물 섭취(마지막 식사)가 끝나고 12시간이 지나면 섭취를 통해 얻은 열량이 모두 소비된다. 그때부터 지방으로 축적된 열량을 에너지로 사용하기 시작한다. 그래서 공복시간을 12시간 이상 가지게 되면 지방분해가 일어날 가능성이 높다. 이것이 핵심이었다. 그리고 공복시간에는 주로 허기짐, 배고픔을 느끼게 된다. 배고프다는 느낌은 지방이 분해되기 시작하는 '신호'라고 할 수 있다.

정리하자면 음식물 섭취를 통해 얻은 열량 중 기초대사를 위해 필요한 양 이외의 나머지 열량을 지방으로 저장한다. 식사를 하지 않을 때, 그리고 신체가 에너지를 다 쓰고 없을 때에 지방을 분해하여 생긴 열량을 에너지로 사용한다. 그래서 지방이 분해되기 위해선 식사를 하고 나서 나머지 열량을 다 쓴 상태, 즉, 공복 상태를 경험해야 한다.

몸에 공복시간을 가져다주는 간헐적 단식을 통해 지방분해를 유도할 수 있다는 내용을 보면서 내가 지금까지 알고 있던 체중 감량 방법은 몇 번의 경험을 통해 겉핥기식으로 알아낸 것임을 다시 깨달았다. 정확한 이론을 익히고, 실행해야 한다. 음식을 만드는 것과 동일하다. 정확한 레시피를 알고 레시피를 따라 만들면 멋진 요리가 나오는 것이다.

두 번째 책《밥 빵 면》에서 밥·빵·면을 줄이는 '당질 제한' 이라는 용어가 나온다. 용어도 중요하지만 이와 관련된 신체활동, 메커니즘이 더 중요했다. 식사를 통해 섭취한 음식물의 영양소는 소화 활동을 통해 분해되어 포도당, 단백질, 지방 등으로 바뀌게 된다.

포도당은 주로 기초대사와 신체활동을 위한 에너지로 사용된다. 단백질은 장기나, 피부 등 신체 조직을 구성하는 원료로 사용되고 지방은 주로 에너지를 저장하는 수단으로 활용된다. 사용하고 남은 포도당과 단백질은 지방으로 전환되어 저장된다.

살이 찌는 이유는 주로 남는 포도당이 지방으로 전환되어 몸에 쌓이기 때문이다. 우리의 몸에서 인슐린이라는 물질이 분비되면, 혈액 속에 떠다니는 포도당을 저장하고 이를 지방으로 전환하라는 신호로 받아들여 몸에 지방을 쌓기 시작한다. 밥·빵·면류 등 탄수화물을 먹게 될 경우 인슐린이 분비되기 시작한다.

즉, 탄수화물 섭취는 인슐린 분비를 유도하여 최종적으로 지방축적을 만들어 낸다. 모든 탄수화물이 인슐린의 분비를 유도하는 것은 아니다. 탄수화물 중 당질이라고 하는 것들이 주로 인슐린 분비를 유도한다. 식이섬유는 탄수화물이지만 당질과는 다르게 인슐린 분비에 영향을 미치지 않는다.

책에서는 탄수화물 중 당질을 제한하라고 말한다. 하얀 설탕, 정제된 밀가루, 하얀 쌀밥 등 주로 백색 식품이 당질에 속하고, 인슐린 분비를 유도하고 촉진한다. 책 제목인 밥·빵·면의 원료들이다. 그래서 이 백색 식품의 섭취를 제한함으로써, 인슐린 분비를 통제하여 지방 축적을 막고, 분해를 유도하여 신체에 좋은 효과를 얻자는 것이 책의 핵심 내용이었다.

나는 두 권의 책을 통해 지금까지의 경험과 이론을 정리할 수 있었다.

'체중과 지방을 줄이기 위해서는 지방 축적을 줄이고, 그것이 분해되는 조건을 만들어 주는 것. 이것이 핵심이다!'

많이 먹어서 살이 찌는 것이 아니다. 지방이 분해되는 시간과 기회를 얻지 못하기 때문에 체중이 증가하는 것이다. 지방을 수월히 분해되도록 만들 수도 있음을 어렴풋이 알게 되었다.

1. 지방 축적을 최소화시키자

인슐린 분비를 최소화하여 지방이 몸에 쌓이지 않도록 한다. 쌓이더라도 곧바로 분해되도록 만들자. 비만 호르몬인 인슐린 추가 분비를 줄이기 위해서 당질 섭취를 제한하자.

2. 지방이 분해되고, 연소되는 환경을 만들자

공복 시간을 만들어 지방을 분해시키고, 분해된 지방을 연소시켜 신체활동을 위한 에너지를 얻는 체질로 전환하자.

3. 업무와 생활에 지장을 주지 않는 방법을 찾자

군인(병장), 대학생, 취업 준비생 시절에 비해 운동할 시간이 충분하지 않다. 업무와 생활을 병행하면서 지속적으로 실행 가능한 방법으로 체중을 감량하자.

목표를 달성하기 위한 실험을 시작하기로 했다. 실험을 하기 위해 계획한 방법은 '당질 섭취를 제한하고, 하루 두 끼 식사를 하는 것, 이를 통해서 16~18시간의 공복시간을 만드는 것'이다.

따라서 점심(12~13시), 저녁(18~20시), 하루 두 끼의 식사를 계획했다. 저녁 식사가 마지막 식사가 되고, 이후 다음 날 점심까지 최소 16시간, 최대 18시간의 공복시간을 유지한다.

그렇게 하면 굳이 운동을 하지 않고도, 러닝머신에서 열심히 뛰지 않아도 체중 감량을 할 수 있을 거라고 나만의 가설을 세우고 실험에 들어갔다.

당질 제한, 간헐적 단식은 인터넷에서 이미 다양한 성공사례를 찾을 수 있었다. 즉, 책 이외에 사례를 조사한 결과, 긍정적인 효과를 본 경우가 많았다.

서적을 통해서 이론(레시피)을 얻고, 관찰·벤치마킹을 통해 성공한 사례를 확인(다른 레스토랑 방문하여 인기 메뉴를 경험)하고, 실험(나만의 레시피로 메뉴 만들기)을 통해 가설을 검증한다면 좋은 전략·노하우를 얻을 수 있다는 것을 셰프를 지켜보며 깨달았다. 그래서 이번에는 학습하는 습관을 체중 감량에 적용해 보기로 했다.

효과적으로 목표를 달성하기 위해 학습한다

우리는 매일 학습한다. 보통 다음 세 가지 방법을 통해서 학습하고 있다.

첫째, 책이나 신문, 논문 등을 보는 것이다. 문헌조사라고 하는 것으로 정리된 자료와 문헌을 통해 이론이나 정보를 습득하는 것이다. 책과 논문에는 체중 감량에 대한 이론과 정보가 아주 잘 정리되어 있다.

두 번째 방법은 벤치마킹인데, 관찰이라고도 할 수 있다. 다른 사람이 이미 성공한 사례를 관찰해서 성공의 방법, 좋은 방법을 찾아 참고할 수 있다.

마지막으로 세 번째, 직접 시도하고 실험해보는 것이다. 다양한 방법으로 시도하면서 가장 좋은 결과(목표 달성)를 가지고 올 수 있는 방법을 찾는 것이다. 체중을 줄이는 방법, 지방을 분해하는 방법, 요요가 오지 않는 방법을 스스로 찾아서 실행하는 것이다. 이 방법은 확실하게 배울 수 있다는 장점이 있지만 시간과 비용이 많이 든다.

3가지 학습법 중 실험을 제안한다. 가능하면 점심마다 유사한 메뉴를 먹고, 저녁만 조금씩 변화를 주는 실험을 해보자. 점심은 매일 동일한 메뉴를 선택하는 것이다. 어렵지 않을 것이다. 보통 점심 메뉴는 한정되어있다. 저녁 메뉴만 조금씩 바꿔보자. 당연히 섭취량은 유사하게 정하여 먹는 것이 좋다.

많이 섭취하는 것은 체중 증가에 영향을 미친다. 이 실험에서 믿을 수 있는 결과를 얻기 위해서는 독립변수의 갯수를 줄이고, 통제변수◆를 확실히 통제하여야 한다. 다양한 음식을 많이 먹으면, 어떤 음식 때문에 체중이 변하는지 정확히 알 수 없

◆ 통제변수: 연구를 수행하면서 탐구하기를 원하지 않기 때문에 통제하는 변수이다.

다. 일정한 시간대에 음식을 섭취하면서, 메뉴만 바꾸면서 실험하는 것이다. 어떤 메뉴, 음식이 내 체중에 영향을 미치는지 확인해보자.

직장인이라면 점심 메뉴를 동일하게 먹는 것이 저녁에 시도하는 것보다 수월할 것이다. 늘 가는 식당에 가서 비슷한 메뉴를 먹으면 된다. 나 역시 체중 감량을 목표로 할 때는 점심 식사는 거의 유사한 메뉴로 매일 먹었다. 그렇게 함으로써 독립변수를 저녁 식사 하나로 삼을 수 있었다. 그리고 평가 결과를 얻을 수 있었다. 체중에 미치는 영향은 음식마다 조금씩 달랐다.

당질 제한과 간헐적 단식

— 당질 제한

달력에 쌓인 데이터를 분석해보니 당질을 제한하고 나서 체중 감량의 효과가 눈에 띄었다. 그래서 저녁 식사 메뉴로 가급적 밥·빵·면은 피했다. 고기 등 단백질 위주로 먹었다. 저녁에 밥·빵·면을 섭취하지 않으니 밤에 측정한 몸무게가 다른 날보다 상대적으로 줄어있었다.

당질을 제한하니 아침과 밤에 측정한 체중의 차이, **당일차(당일 밤 몸무게 – 당일 아침 몸무게)**가 소폭 줄어들었고, 안정적으로 변했다. 당질 제한을 하니 하루에 증가하는 몸무게의 폭이 줄어든 것이다. 또, 잠을 자고 일어나 몸무게가 줄어든 상태, **수**

면효과(당일 밤 몸무게 – 익일 아침 몸무게)도 안정적으로 나타나서 수면효과가 당일차를 넘겼고, 체중이 매일 100g~300g씩 꾸준히 줄어들었던 것을 알 수 있었다.

– 간헐적 단식

모든 음식을 다 먹으면서 세 끼를 먹을 때와 아침을 건너뛰고 점심, 저녁을 먹을 때, 당연히 후자가 체중 감량에 긍정적인 영향을 미친다.

12~18시간 공복을 가져다주는 간헐적 단식을 했을 때 효과는 컸다. 처음에는 아침을 안 먹었기에 점심, 저녁을 더 먹게 될 것 같았다. 하지만 며칠이 지나고, 아침을 먹지 않는 일이 익숙해지니 굳이 점심, 저녁을 평소보다 더 먹지 않게 되었다. 점심과 저녁을 곧 먹게 될 테니 아침을 안 먹었다고 보상심리로 점심, 저녁을 평소보다 더 많이 먹을 이유가 없다는 것을 몸이 받아들인 것이다.

간헐적 단식이 체중 감량에 영향을 미친다는 것을 확인했다. 내가 직접 간헐적 단식을 실험하고 효과를 경험한 것이다. 간헐적 단식을 하게 되면 규칙적으로 식사를 하게 된다. 12~18시간 공복을 위해서는 앞뒤로 1~2일의 식사시간을 미리 계획해두고 맞춰서 해야 하기 때문에 규칙적으로 식사를 할 수밖에 없다. 이는 안정적인 수면효과를 얻을 수 있는 방법이다.

당질 제한과 간헐적 단식, 이 두 가지 식사습관을 직접 실험하면서 평가해보면서 체중 변화에 좋은 영향을 미치는 것을, 즉 체중 감량에 도움이 되는 것을 확인할 수 있었다. 당질 제한과 간헐적 단식에 대한 사례는 포털사이트에서 검색하면 무수히 볼 수 있다. 이 두 가지 식사습관을 활용해서 체중 감량 전략을 세우기로 마음을 먹었다.

결국 측정, 기록, 평가를 통해 전략이 도출됐다. 그리고 문헌조사, 벤치마킹, 실험 등 세 가지 방법을 활용해서 체중 감량 방법을 학습하고 나니 보다 좋은 전략을 세울 수 있었다.

셰프의 습관 3

학습하는 습관

확실한 이론(레시피)을 학습하자.

- 당일차(당일 밤 몸무게 — 당일 아침 몸무게)
- 수면효과(당일 밤 몸무게 — 익일 아침 몸무게)

먹어봐야 어차피 내가 아는 그 맛

'당질 제한과 간헐적 단식을 활용, 시도하면 체지방, 살이 수월히 빠질 것이다.'

가설을 세우고 '공복 18시간' 만들기에 돌입했다. 이땐 이미 체중을 아침, 밤으로 측정하여 달력에 기록하는 습관이 몸에 배어있었다. 몸무게의 변화는 없었고 체중은 여전히 90㎏을 넘고 있었다.

여기서 중요한 지점은 한 번에 한 가지씩 시도했다는 것이다. 우리가 포기하는 순간은 지켜야 할 것이 너무 많을 때다. 이 방법은 달성과 관리가 쉽다. 목표가 많아지면 기억, 실행, 관리가 어렵다. 작은 성공을 쌓아가는 것, 그것이 큰 성공을 만드는 빠른 길이다.

이것은 키친에서 얻은 경험이다. 지금 하고 있는 일을 끝내고 다른 일을 시작하는 것이 동시에 여러 가지를 하는 것보다 신속하게 업무를 끝내는 일이며, 달성률도 높다는 것을 알았다. 게다가 반복되는 여러 번의 성취감은 덤이다. 덕분에 두 번째 목표에 기분 좋게 도전할 수 있었다. 그것 또한 힘들지 않게 달성할 수 있었다.

그러면 공복 18시간을 만들기 위해서는 어떻게 생활해야 할까? 우선 나의 생활패턴 분석이 필요했다. 나는 보통 6시 기상했고 세면 후 출근했다. 7시 30분 회사에 도착해 자리에 앉았다. 업무 시작은 8시 30분이었다. 12시에 점심 식사, 19시에 퇴근하는 패턴을 유지하고 있었다.

기존의 생활패턴에서 18시간 공복을 만들기 위해서는 아침을 거르고, 점심과 저녁 식사 이후에는 금식을 하는 것이 가장 적용하기 쉬운 방법이었다. 점심을 12시, 정해진 시간에 먹기 시작했다. 문제는 저녁 식사, 야식, 회식이었다. 월·화요일에는 대학교에서 강의를 들었는데 강의 전에 간식이 제공되었다. 게다가 강의가 끝나면 술 한잔 하는 모임이 있는 경우가 많았다.

또, 회사에서 진행되는 정기적인 회식, 간담회(당연히 석식이 포함된 일정)도 참석해야 했다. 참 난감한 일이었다. 적당한 음주는 즐기는 편이었고, 게다가 맛집을 찾아가서 먹는 것을 좋아했다. 그래서 딱 2개월만 시행해보기로 했다.

조리사로 근무하면서 참아야 하는 경우가 많았다. 바쁜 시간에는 화장실에 가는 것도, 물 한 모금 마시는 것도 제한됐다. 수천 번의 칼질을 하면서 수없이 내 손을 그었고 뜨거운 오븐 열기를 참아가며 음식을 조리했다. 사실 무언가를 참는다는 것에 이골이 나있었다. 그것이 가능했던 이유는 결국 '맛있는 요리 완성'이라는 결과를 이뤄내면, 성취감을 느낄 수 있다는 것을 이미 알고 있었기 때문이다. 이번에는 식욕을 참아보기로 했다.

하지만 무작정 음식물 섭취를 제한하면서 체중 감량을 시도하면 실패할 가능성이 높다. 먹는 것은 인간의 생존 본능이다. 이 본능과 맞선다는 것은 생각보다 어려운 것이다. 맛있는 음식이 눈앞에 있다면 참는 것은 매우 어렵다.

이때, 본능을 이기는 방법은 적절한 보상을 활용하는 것이다. 참고 나서 얻는 보상이 현재의 먹는 즐거움보다 더 크다는 것을 알고 있다면 먹고 싶은 욕구를 참고 견딜 수 있다. 본능을 이기는 방법은 두 가지가 있다.

첫째, 나에게 더 큰 보상을 해주자. 먹을 기회가 너무 많았다. 식품회사에 다니면서 외식 관련 업무를 하다 보니 자사 신제품과 고객사인 외식업체들의 메뉴를 시식할 기회가 많았다. 살이 찌는 동안에는 시식 기회가 오면 시식을 넘어 배가 부를 만큼 많이 먹었다. 스스로 먹었던 음식의 양에 비해 살이 덜 쪘던 것을 인정할 정도로 많이 먹었었다. 직장생활 동안 시식이 아닌 식사를 하는 것은 습관이 되어버렸다. 이 습관을 고치는 것은 어려운 일이었다.

그런데 이를 개선할 방법이 있었다. 《무엇이 평범한 그들을 최고로 만들었을까》를 읽고 본능을 이겨내는 방법을 이해하고 활용할 수 있었다. 책 초반에 자동 체계, 의식 체계라는 용어가 나온다. 자동 체계는 본능이라고 할 수 있다. 자동 체계는 나에게 눈앞에 있는 음식을 먹으라고 계속 부추긴다. 이와 상반되는 의식 체계(이성)는 꼭 맛보아야 할 필요가 없다면 먹지 말라며 이성적으로 설득한다.

보통 자동 체계가 이긴다. 군것질하지 말자고 다짐하고 나서 자신도 모르게 간식에 손이 가는 것은 자동 체계가 의식 체계를 이겼기 때문이다. 먹지 말자고 마음을 먹어도 이미 손이 음식을 집어 입으로 가져갔던 경험을 한 적이 있을 것이다.

식품 제조업체에서 7년 넘게 근무하는 동안, 시식을 즐겼다. 그런데 그렇게 좋아하고 즐겨온 시식에 대해 자동적으로 반응하는 본능을 이기는 방법은 '멋진 보상'이었다. 그냥 안 먹는 게 아니었다. 그 순간 그 음식을 안 먹는 대신, 이후에 더 좋은 곳에서 더 맛있는, 더 비싼 음식을 먹는 방법을 시도했다.

회사에서는 보통 가공된 냉동식품이나 튀김류를 시식하는 경우가 많았다. 그래서 가급적 가공식품 대신 신선한 해산물, 소고기 등 조금 더 신선하고 좋은 음식을 보상으로 택했다. 또, 삼겹살 대신 꽃등심, 부챗살 등 더 비싼 음식으로 대체하여 조금 적게 먹는 방법을 보상으로 활용했다.

둘째, 그 보상을 먼저 베풀자. 식욕을 참았다고 보상을 한 것이 아니라, 식욕을 참아야 하는 상황을 경험하기 이전에 했다. 주말에 집에서 꽃등심을 아주 맛있게 구워 먹었다. 천천히 잘 구우면 숯불이 아니더라도 육즙이 가득하게 맛있게 구워 먹을 수 있었다. 꽃등심이나 부챗살 등을 먹고 나면 회사의 회식이나 친구, 지인들과의 모임에서 삼겹살 등 평소에 접하기 쉬운 음식을 먹을 기회가 생겼을 때, 먹고 싶은 욕구를 자제하기 쉽다는 것을 느꼈다.

시식 기회가 왔을 때도 마찬가지였다. 오늘 냉동만두를 안 먹는 대신 주말에 꽃등심, 부챗살을 구워 먹어야겠다고 생각하며 욕구를 이겨낼 수 있었다. 핵심은 먼저 주말에 꽃등심, 부챗살을 먹으며, 그 음식의 맛과 경험을 기억하는 것이다. 그러고 나면 평소에 자주 접할 수 있는 음식을 먹을 기회가 생길 때, 참을 수 있었다.

먹지 않을 수는 없다. 본능이 시키니까. 그러나 이전보다 확연히 식욕을 줄일 수 있다. 참고로 핑클 출신 가수 겸 뮤지컬 배우인 옥주현은 다음과 같은 말을 했다.

"먹어봐야 어차피 내가 아는 그 맛."

원하는 목표를 얻기 위해 최소 한 번 참고 견뎌야 한다

학습을 통해서 당질 제한, 간헐적 단식을 활용하는 것이 체중 감량에 도움이 된다는 것을 알 수 있었다. 하지만 좋다는 것을 알면서도 실천하기는 쉽지 않다. 당질 제한은 맛있는 음식(밥·빵·면 등)을 제한하는 것이고, 간헐적 단식 역시 12시간 이상 음식을 먹지 않고 단식하는 일이다. 좋은 것을 알면서도 처음 시도하는 것 자체는 쉬운 일이 아니다. 왜냐면 시도하지 않는 것이 더 편하기 때문이다.

그러면 어떻게 해야 할까? 쉬운 목표를 세우고 시도해보자. 쉬운 목표는 참는 것을 쉽게 만들어 준다. 이를 초기에 적용해야 한다.

즉, 체중 감량 목표를 최소로 잡아야 한다. 1*kg* 감량을 목표로 하자. 아니면 500g 감량을 목표로 잡자. 길게는 일주일, 짧게는 2~3일이면 달성할 수 있다. 빠르게 성과를 얻을 수 있는 목표를 설정하고 도전하자.

나는 40일 만에 13*kg*의 체중을 감량했다. 이후에도 꾸준히 감량하여 가장 많이 나갔던 시기의 몸무게에 비해 누적으로 30㎏을 감량했다. 물론 처음에는 힘들었다. 하루 2번 체중을 측정하는 일이 힘들었고, 종종 깜박하고 체중을 측정하지 않았던 적도 많았다. 측정하고도 기록하지 않은 날도 있었다. 간헐적 단식, 당질 제한을 포함하여 모든 것이 어려웠다. 하지만 결국 체중 감량에 성공했다.

처음에 한 번은 꾹 참았다. 책을 읽으며 이론과 원리를 이해하고, 사례도 확인했다. 인터넷에 검색해보니 당질 제한과 간헐적 단식의 결과를 보여주는 사례는 많았다. 또, SBS 스페셜 〈끼니 반란〉에서는 간헐적 단식IF을 주제로 다루었다. 그래서 믿고 도전했다. 다만, 큰 목표가 아닌 500g 감량에 도전하였다.

처음에는 18시간 단식부터 시작했다. 처음 시도하고 다음 날 아침에 일어나 측정한 몸무게는 전날 아침보다 1.1㎏이 줄어있었다. 간헐적 단식의 효과가 하루에 1㎏ 이상이 되다니 놀라웠다. 몸무게가 1㎏ 이상 줄어든 첫 성과는 다시 체중 감량을 시도하는 동기가 되었다. 성공을 했기에 두 번째 시도는 처음보다 수월히, 편하게 할 수 있었다. 체중이 줄어든 게 신기해서, 다시 줄어드는지 확인하고 싶었던 마음은 18시간 동안 단식하는 일을 상대적으로 덜 힘든 일로 바꾸어 놓았다. 그리고 2번째 시도도 무난히 이루어 내었다. 이후 '시도 – 성공 – 자신감/기대감 상승 - 동기부여 – 시도' 순으로 반복되었다. 결국 6주가 채 되지 않는 기간 동안 13kg을 감량할 수 있었다.

지방이 분해되어 살이 빠지기 위해서는 우리는 배고픔을 느껴야 한다. 배고픔을 느낄 때가 바로 인슐린 농도가 최소가 되는 시점이고, 지방을 분해해 신체대사 활동의 에너지원으로 사용하기 시작하는 때이다. 처음에는 배고픔이 익숙하지 않은 느낌이다 보니 견디기 힘들 수도 있다. 배고프다는 느낌을 받을 때 생존 본능은 배고픔을 없애기 위해서 간식을 먹거나 무언가를 하라고 우리에게 명령을 내린다. 하지만 그때, 굳이 음식을 섭취하지 않아도 문제없다. 오히려 이 시간에 체지방이 분해되고 있다는 사실을 인지하고, 설정한 목표시간(12시간~18시간)을 채우기 위해 참고 견뎌보자. 그러고 나면 줄어든 체중이 우리의 마음을 어루만져 줄 것이다.

셰프의 습관 4

인내하는 습관

참고 견뎌보자. 참고 견디면 목표를 달성할 수 있다.

좋아하는 음식을 먹으면서 체중 감량하는 방법

점검 후 평가를 해야 개선할 수 있다. 평가를 하지 않으면 개선되지 않는다. 몸무게를 점검 후 현 상황을 면밀하게 평가하기 시작했다. 자기 전에 체중을 측정하니, 아침에 측정한 수치보다 500g 늘어난 날이 있었고, 1kg 이상 늘어난 날도 있었다. 과연 이 차이는 무엇일까? 왜 하루는 500g만 늘었는데, 다른 날은 1kg이나 늘어났을까? 당일차가 500g인 날은 다음 날 체중을 측정하면 전날보다 줄어있었다. 즉, 살이 빠진 것이다. 그리고 당일차가 1kg인 날은 다음 날 아침에 측정하면 전날 아침보다 200~400g이 늘어 있었다. 살이 찐 것이다.

여기에서 이 '차이'에 주목하기 시작했다. 500g이 늘어난 날, 즉, 체중이 상대적으로 적게 증가한 날에 내가 했던 일, 경험했던 일을 계속 반복하면 매일 500g만 늘어날 것이고, 수면효과로 700g이 줄어든다면, 500g − 700g = −200g, 즉, 매일 200g씩 빠질 것 아닌가? 200g이 적게 보이지만 쌓이면 큰 수치이다. 200g X 30일 = 6,000g, 30일 반복되면 6*kg*이 된다.

여기서 주목할 부분은 운동이나 특별하게 체력을 소모하는 일, 힘든 일을 하지 않았다는 것이다. 지속적으로 힘든 일을 하고 나서 200g이 빠진 것이 아니라 그냥 평소대로 생활을 하는 도중에 빠진 것이다. 이 말은 그렇게 어렵지 않은 '이것'을 지속적으로 반복해서 하루에 200g을 빼는 일은 쉬운 일이 될 수도 있다는 것이다. 그러니 10*kg*을 빼는 것을 목표로 할 것이 아니라 매일 200g을 빼는 것을 목표로 하면 보다 쉽게 목표를 달성할 수 있지 않을까? 이것을 30일 반복하면 6*kg*을 뺄 수 있지 않을까? 측정 · 기록 · 점검에 평가까지 하다 보니 앞으로 어떻게 해야 할지 전략이 나오고 계획을 세울 수 있게 되었다.

평가를 해야 개선할 수 있다

데이터를 통해서 내가 좋아하는 음식을 먹고도 살이 빠지는 경험을 할 수 있었다. 어떻게 햄버거, 맥주, 치킨을 먹는데도 살이 찌지 않느냐고? 오히려 살을 빼기도 하냐고? 음식으로만 접근하면 먹을 수 있는 종류가 크게 줄어든다. 왜냐면 초기에는 안 먹는 게 체중을 감량하는 가장 수월한 방법이니까.

하지만 '안 먹는 일을 얼마나 오랫동안 지속할 수 있을까?' 라는 의문이 든다. 다 먹고살자고 하는 일인데, 먹는 즐거움을 계속 제한할 수는 없다. 그렇기에 쌓아놓은 데이터와 이를 평가하는 일은 매우 중요하다. 데이터를 평가하면 좋아하는 음식을 적당히 먹으면서도 체중을 감량할 수 있는 방법을 찾을 수 있다.

현재 나는 체중 이외에도 그날 특별하게 먹은 음식과 활동을 달력에 기록하고 있다. 초기에는 몸무게를 측정하고, 기록하는 일에 집중한다. 이후에 측정과 기록이 습관으로 자리 잡으면, 주기적으로 평가하는 일을 시작해야 한다. 평가를 하니 분명히 효과가 있었다.

예를 들어. 학습한 뒤 시험을 보면 시험 성적이 어떻게 될까? 조금이라도 오르지 않을까? 평가의 효과 중 두 가지만 이야기해보자.

첫 번째, 평가(시험/채점)를 하면 미리 대비하게 된다. 시험을 본다고 하면 응시자의 대다수가 미리 시험공부를 하지 않는가. 시험 범위를 확인하고 내용을 익히면서 나올 만한 예상문제도 생각해보고, 시험에 대비해서 공부하게 된다.

두 번째, 평가를 하면(시험을 보면) 내가 무엇을 모르는지, 무엇을 못 하는지, 잘하는지 알 수 있게 된다. 그러면 내가 해야 할 일, 즉, 전략도 세울 수 있다.

측정한 데이터(몸무게)를 평가하라

나의 경우에는 내가 먹은 음식을 기록하기 위해 인스타그램에 섭취한 메뉴를 올렸다. 과시나 공유의 목적이 아니라 데이터를 분석하기 위해 인스타그램에 올렸다. 나에게 인스타그램은 무엇을 먹었는지 기록하는 메모장이자 일기장이었다. 몸무게 측정 데이터와 인스타에 올린 메뉴 사진을 가지고 음식 섭취와 체중 변화와의 관계를 분석하기 시작했다.

먼저 초기 2주치의 데이터를 가지고 분석을 했다. 초기 며칠은 하루에 여러 음식을 먹었기 때문에 한 가지 음식이 원인이라고 꼬집어 말할 수 없었다. 그래서 이후 실험하는 동안 가급적 점심, 저녁 식사시간을 고정하고, 점심 메뉴도 비슷한 식단으로 선택했다. 저녁 메뉴만 조금씩 바꾸면서 실험을 했다. 그 실험을 통해 다음과 같은 결론을 얻을 수 있었다.

"좋아하는 음식을 먹으면서도 체중을 감량하고 관리할 수 있다."

결국 몸무게를 평가해야 하는 이유는 간단하다. 현재의 식습관, 생활습관이 나의 몸무게에 어떠한 영향을 미치는지 확인하기 위함이다. 나의 식습관이 체중이 증가하는 것에 영향을 미쳤고, 결국 현재 잘못된 식습관 때문에 살이 찌는 것을 스스로 확인하고 인정하기 위해 평가하는 것이다. 원인을 모르는데 어떻게 해결책이 나오겠는가?

평가를 통해 현재 건강 상태, 내 식습관을 평가하고 파악하는 것은 힘든 체중 감량을 수월하게 만들어주었다.

몸무게를 평가하는 방법

그렇다면 몸무게 평가는 어떻게 할 것인가?

우선 두 가지를 확인해야 한다. 이미 달력에 기록되어있는 데이터를 활용하는 것이기에 수월하다.

첫 번째는 아침 몸무게이다. 자고 일어나서 측정한 몸무게, 이것이 앞으로 항상 기준이 될 몸무게이다. 이 몸무게를 기억해야 하고 이 수치를 기준으로 계획, 전략을 짤 것이다.

두 번째는 밤 몸무게이다. 하루 활동을 마치고 집에 들어와서 자기 전에 측정하는 밤 몸무게는 오늘 내가 무엇을 했는지, 나의 생활을 고스란히 반영한다. 보통은 밤 몸무게가 아침 몸무게보다 많을 수밖에 없다. 당연한 이야기겠지만, 일어나서 자기 전까지 우리는 무언가를 먹는다. 식사도 했을 것이고, 간식을 먹었을 수도 있다. 그러한 활동의 결과가 현재의 몸무게에 영향을 미쳤을 것이다.

우리는 매일 조금씩 다른 활동을 한다. 그래서 밤 몸무게는 아침 몸무게보다 늘어나 있겠지만, 이 수치는 매일매일 조금씩 다를 것이다. 나 역시 어떤 날은 1kg, 어떤 날은 500g 늘어난다. 그리고 당연한 이야기겠지만, 아침 몸무게보다 밤 몸무게가 1kg 이상 늘었다면 그날은 평소 대비 많이 먹은 것이다. 그리고 2kg 이상 늘었다면, 매우 많이 먹은 것이다. 아침 몸무게와 밤 몸무게의 차이를 '당일차'라고 했다.

꾸준히 평가하다 보면 음식을 어느 정도, 얼마나, 어떻게 먹으면 얼마만큼 몸무게가 늘어나는지 알게 된다. 매일 당일차가 1kg 이상 늘어나는 활동을 계속 반복하게 되면 결국 체중이 증가할 수밖에 없다. 그렇다면 이러한 활동이 무엇인지 확인하고 하지 않는 것, 아니면 현재보다 횟수/빈도를 줄이는 것이 체중 증가를 막을 수 있는 길이며, 체중을 감량할 수 있는 시작점이 될 수 있다.

체중을 감량하기 위해선 우선 체중이 늘지 않도록 관리해야 한다. 즉, 체중이 늘어나는 활동을 줄여야 한다. 결국 당일차를 최소화시키는 활동을 해야 한다. 어느 정도로 줄여야 하나? 이를 정하기 위해 수면효과를 확인해보자.

쌓여 있는 데이터를 보면서 평균 수면효과를 측정해보았다. 어젯밤의 몸무게에서 오늘 아침 몸무게를 빼보자. 평균적으로 얼마나 줄어드는가? 90kg 기준일 때 매일 평균 700g(0.8%)이 줄어들었다. 현재는 500g(2018년 11월, 68㎏ 기준 0.7~0.8%) 정도 줄어든다.

이 수치는 아주 중요하다. 왜냐면. 아침 대비 밤에 늘어난 몸무게(당일차)가 수면효과보다 적다면 체중이 줄어들 것이기 때문이다. 다음날 아침에 전날 저녁 대비 줄어든 몸무게(수면효과)의 정도가 크다면 당연히 전날보다 체중이 줄어든 것이고 소폭이지만 체중 감량에 성공한 것이다.

• 당일차 = 당일 밤 몸무게 - 당일 아침 몸무게
• 수면효과 = 당일 밤 몸무게 - 익일 아침 몸무게

수면효과 > 당일차 ⇨ 체중 감량 성공
수면효과 = 당일차 ⇨ 체중 유지
수면효과 < 당일차 ⇨ 체중 감량 실패/체중 증가

전일 대비 체중 변화
= 익일 아침 몸무게 - 당일 아침 몸무게
= 당일차 - 수면효과

당일차와 수면효과의 관계

이제 칼로리를 계산할 필요가 없다

30㎏ 가까이 체중 감량을 하는 동안 칼로리 계산을 한 번도 하지 않았다. 굳이 할 필요가 없었다. 칼로리와 상관없이, 단순하게 밤에 체중이 크게 늘어나지 않도록, 당일차를 수면효과보

다 적게 늘어나도록 만들고 관리하는 게 중요했다. 여기서 당일차와 수면효과는 지수index이다.

체중 감량을 하면서 체중 변화에 영향을 미치는 여러 가지 조건들을 하나하나 따지는 것이 번거롭고 귀찮았다. 매일 그렇게 복잡하게 점검하고 싶지 않았다. 그래서 쉽게 관리할 수 있는 기준, 체중에서 얻은 데이터를 활용하여 지수를 만들었다. 매일 여러 가지 요인들이 내 체중에 영향을 미치고, 영향을 미친 그 결과값이 당일차와 수면효과이다. 큰 당일차(1㎏ 이상)는 주로 음식물이나 수분 섭취가 많았다는 것이다. 그 결과 체중이 늘었다는 것. 큰 수면효과(1㎏ 이상, 최소 500g)는 숙면을 취했고, 지방 분해가 잘 일어났다는 것을 의미한다. 그 결과 체중이 줄어든 것이다.

결국 체중 변화가 내가 원하는 수준인지 점검하고, 체중을 줄이거나 늘리는 것이 최종 목표 아닌가? 그런데 그렇게 만드는 방법은 한 가지가 아니었다. 체중이 늘지 않도록 관리하면서 맛있는 음식을 즐기는 방법이 분명히 있다. 그날 먹었던 음식을 비롯하여 하루 일과를 돌아보고 당일차와 수면효과를 비교하면서 평가를 하였다. 그러고 나니 내가 좋아하는 음식을 먹었는데도, 당일차가 크게 늘지 않았고, 수면효과도 좋았기에 다음 날 아침에는 전날 아침보다 체중이 줄어 있는 경우도 있었다. 그런 결과가 나오는 날들이 종종 있었다. 따로 시간을 내어 운동을 한 것도 아닌데, 먹고 싶은 음식을 맛있게 먹었는데도 체중이 줄었다.

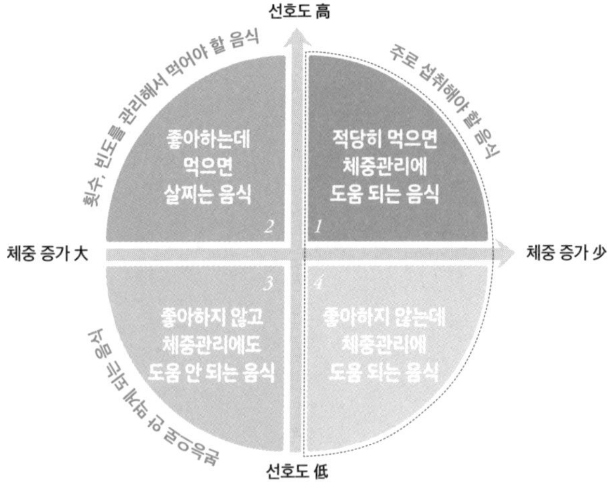

체중 변화와 음식 선호도

평가를 하고 결과를 확인하니 체중이 크게 늘지 않으면서 즐길 수 있는 음식과 활동이 있었고, 이런 음식과 활동을 찾는 일이 중요해졌다.

나는 초기에 쌓인 데이터를 분석하여 평가한 결과 체중 감량에 영향을 미치는 요인을 크게 세 가지로 요약할 수 있었다.

1. 음식 섭취량

당연한 이야기겠지만 많이 먹으면 아침보다 1㎏ 이상, 때로는 2~3㎏이나 늘어나 있었다. 즉, 당일차가 커진다. 그래서 밤새 수면효과로 700~800g이 줄어도 다음 날 아침에 200g에서 2㎏ 이상 늘어나 있었다. 전날보다 살이 찌고 몸무게가 늘어난 것이다. 섭취량을 체중이 증가하지 않는 범위 내에서 적절하게 관리해야 체중 감량이 가능할 것이다.

2. 수면

자고 나면 몸무게가 줄어있는 현상을 '수면효과'라고 했다. 수면효과가 발생하려면 당연히 수면을 해야 한다. 숙면을 취하면 자는 동안 지방이 분해되든지, 수분이 증발하든지 신체 대사 활동으로 자고 난 다음에 몸무게가 줄어든다. 수면시간이 적다면 당연히 수면효과로 인해 줄어드는 체중의 폭도 줄어든다. 그래서 양질의 수면을 해야겠다고 다짐했다. 하루 최소 5~6시간의 수면시간을 가져야 신체 대사 활동이 원활히 진행되어 지방 분해, 수분 증발이 일어나고 체중 감소로 이어진다.

3. 음주

음주의 경우 섭취량, 수면보다 체중 변화에 더 크게 영향을 미쳤다. 왜냐하면 음주는 음식 섭취량과 수면에도 영향을 미치는 핵심 요인이기 때문이다. 음주를 하게 되면 음식 섭취량이 늘어난다. 안주를 같이 먹게 되는 경우가 많기 때문에 평소보다 음식 섭취량이 증가할 수밖에 없다. 그나마 1차에서 끝나면 다행이다. 2차, 3차로 이어지면 2~3일 치 식량을 하루에 먹는, 그것도 단 몇 시간 만에 먹는 신기한 마술을 볼 수 있는 게 음주 활동이다. 또, 음주를 할 경우 늦은 시간까지 술을 마시고 평소보다 집에 늦게 들어가는 경우가 많다. 그래서 수면시간 역시 평소보다 줄어들 수 있다. 그렇기에 술을 마시는 것은 체중이 증가하는 조건을 만드는 일이다.

체중 변화에 영향을 미치는 요인

음식 섭취량을 통제하고, 즉 충분한 수면을 하고, 음주를 멀리하면 당연히 살이 빠진다. 그런데 왜 체중 감량이 어려울까? 효율적인 체중 감량법을 몰라서 어렵다고 느끼는 것이다. 또, 결과에 비해 지금 들이고 있는 노력이 크기에 힘들다고 느끼는 것은 아닐까? 평가를 통해 체중 변화에 영향을 미치는 요인을 찾았으니, 노력을 한 만큼 성과를 얻을 수 있도록 효율적으로 체중을 감량할 계획을 세우면 좋을 것이다.

세프의 습관 6

평가하는 습관

나의 하루를, 그 결과로 나온
데이터(당일차, 수면효과)를 평가하자.

하루의 시작과 끝을 확인하는 일

간헐적 단식으로 체지방 분해나 연소의 효과를 보기 위해서는 우선 하루에 최소한 12시간 이상의 공복 시간을 가져야 했다.

물론 당질도 제한해야 했는데, 섭취를 하지 않을 수는 없었다. 게다가 장기간 당질을 극도로 제한하게 되면, 당질 대신 단백질이나 지방 함량이 높은 음식을 많이 먹게 될 가능성이 높다. 그럴 경우 통풍이 올 가능성이 높아지는 등 부작용의 위험이 있다. 당질을 극도로 제한하면 효과를 바로 볼 수 있지만, 하루 동안 당질을 전혀 먹지 않는 방법을 지속할 수는 없었다. 그래서 하루에 한 번은 최소한의 당질을 섭취하기로 하고, 주로 점심에만 당질을 섭취하는 식사를 계획했다.

점심에만 당질을 섭취하면 시간이 흘러, 마지막 섭취 후 12시간이 경과되는 시점인 자정을 지나고부터 당일 점심 무렵에 당질을 섭취하면서 분비되었던 인슐린의 농도가 급격히 감소하게 된다. 낮은 인슐린 농도는 지방이 분해되는 조건 중 하나이다.

아침을 거르고 점심을 먹고 당질을 섭취할 수 있는 메뉴로 점심 식사를 구성했다. 저녁 식사에는 당질을 제한하고 주로 단백질, 지방 위주의 메뉴로 식사를 계획했다.

하루 2끼 식사와 점심에만 당질을 섭취하는 방법으로 간헐적 단식과 당질 제한을 조합하여 효율적 체중 감량을 계획했다. 마지막으로 기간은 2달로 잡았다. 2달간 지방 분해 실험에 돌입했다.

무언가를 완전히 제한하는 식이요법은 실패하기 쉽다. 제한한 음식에 대한 욕구로 인해 만족도가 떨어지고, 금단현상이 발생할 가능성이 높다. 게다가 꾸준히 지속하기 힘들다. 목표를 달성하기 전에 포기할 가능성이 높다. 그러므로 음식과 당질을 완전히 제한하기보다는 섭취하는 양, 시기, 빈도를 통제하는 등 부분적으로 제한하는 방식으로 관리하는 것이 효과적인 체중 감량 비법이라고 할 수 있다.

키친에서의 노하우 : 목표 나누기와 PDS 반복

레스토랑에서 셰프와 조리사의 공통 목표는 고객 만족이다. 이를 위해서는 우선 만족스러운 품질의 음식을 만들어야 했다. 고객에게 만족스러운 품질의 음식을 제공하기 위해서는 이를 실행할 계획을 세워야 한다. 고객 만족이라는 위대한 목표를 어떻게 달성할 것인가? 고객을 만족시키기 위해서는 어떻게 해야 하는가? 현실적인 계획을 세우기 위해서는 큰 목표를 작게 나눠야 한다.

결국, 조리사는 모든 메뉴를 만족스러운 품질로 만들어야 한다. 보통 메뉴는 크게 애피타이저, 메인 요리, 디저트 등 3가지로 나눌 수 있다.

메인 요리에는 스테이크, 파스타, 햄버거가 있는데 이러한 메인 요리를 잘 만들면 음식의 품격이 높아진다. 메인 요리 중 햄버거를 뛰어난 품질로 만들려면 신선한 빵을 준비해두고, 패티는 주문이 들어오자마자 즉시 구워서 조리하는 것이 좋다. 그리고 부재료인 토마토, 양파를 균일하게 잘라놓고 양상추를 씻고 잘 손질해두는 등 원료를 신선하게 준비해서 햄버거를 제조하면 된다.

즉, 고객만족이라는 큰 목표를 달성하기 위해 작은 목표인 토마토, 양파를 레시피대로 균일하게 자르는 것부터 실행하고, 실행을 한 뒤에 원하는 수준으로 나왔는지 점검하면 된다. 원하는 수준의 결과가 나왔다면 다음 목표 진행을 반복함으로써 모든 요리를 잘 만들 수 있다. 이로써, 최종적으로 모든 요리의 품질을 높이고 고객만족이라는 목표를 달성할 수 있을 것이다.

"훌륭한 햄버거는 레시피에 따라 토마토를 균일하게 썰고, 양상추를 잘 씻는 것에서부터 시작된다."

존경하는 셰프가 한 말이다. 결국 위대한 목표인 '고객만족'을 위해 조리사가 첫 번째로 해야 할 일은 가장 기초인 재료 준비다. 키친에서는 큰 목표를 쪼개어 그것을 이루기 위한 작은 목표와 이를 달성하기 위한 계획을 세우곤 하였다. 양파를 썰고 나서 토마토를 써는 게 효율적이다. 왜냐면 토마토에서 즙이 나오기 때문에 칼과 도마가 지저분해진다. 양파를 잘 썰고, 토마토를 잘 써는 일이 햄버거를 잘 만드는 목표를 달성하기 위해 해야 할 작은 목표이고, 양파를 먼저 썰고 토마토를 써는 것이 작은 계획이라고 할 수 있다.

조리사의 하루는 매일 작은 목표와 계획을 세우고, 실행/점검의 반복으로 채워진다고 할 수 있다. 완성도 높은 요리를 빠르게 만들기 위해 다양한 식자재 등을 미리 준비해두어야 했고, 이를 위해 미즈앙플라스 체크리스트를 만들곤 했었다. 체크리스트 순서대로 점심, 저녁 영업에 필요한 식재료를 준비하면서 리스트에 있는 작은 계획들을 실행하고 완수한 뒤 지웠다. 점심, 저녁으로, 매일 이 작업을 반복했다. 이것은 결국 계획하고, 실행, 점검하는 일의 반복이었고 PDS(Plan – Do – See)라는 경영기법과 같은 것이다. 계획Plan을 세우고 실행Do하고, 계획대로 결과가 도출되었는지 점검하고 확인See하는 것이다.

나는 이것을 체중 감량에 적용해 작은 목표를 설정하고 이를 달성할 계획을 세워 나가기로 결심했다. 이 방법을 통해 실행했다. 성공할 수 있었다. 물론 성취감도 빠르게 느낄 수 있었다.

작은 목표로 나누기의 장점

목표를 작게 나누게 되면 여러 장점이 있다.

첫째, 빠른 성취감 획득이다. 아무리 작은 목표라도 달성하고 나면 성취감이 생긴다. 목표의 크기를 떠나, 모든 성공 경험에는 성취감이 덤으로 주어진다. 이 성취감은 자신감이 되어 다음 번 도전을 보다 쉽게 시작할 수 있도록 만들어준다.

둘째, 선순환 고리의 시작이다. '작은 목표 – 도전 - 성취 – 자신감 상승 - 동기부여 – 다른 작은 목표나 조금 더 큰 목표 – 도전 - 성취 – 자신감 재상승 - 동기부여'의 선순환 고리를 만드는 열쇠가 결코 실패할 수 없는 작은 목표를 설정하는 것이다. 실패하지 않기 위해선 절대 실패할 수 없는 수준의 작고 쉬운 목표를 세워야 한다.

'부익부 빈익빈'의 원리가 여기에도 적용된다. 결국, 성공한 사람이 다시 도전하여 또다시 성공하는 것이다. 실패하는 사람은 '큰 목표 – 도전 – 실패 – 자신감 감소 - 작은 목표로 수정 – 도전 – 자신감 결여, 부담감으로 다시 실패'의 메커니즘에 빠질 가능성이 높다. 그리고 도전 자체를 하지 않게 된다.

내가 이전에 10㎏ 이상 몸무게를 줄이겠다고 목표를 설정했으나, 오히려, 90㎏ 이상으로 몸무게가 더 늘었고, 그 이후 몸무게를 측정하지 않고 포기했던 이유가 그것이다.

셋째, 측정과 평가를 자주 할 수 있다. 목표 달성을 확인하기 위해서는 그것을 위해 쏟은 노력이나 행동의 결과를 측정하고, 평가해야 한다. 하지만 목표가 작으면 측정과 평가의 빈도가 높을 수밖에 없다. 높은 빈도로 측정과 평가를 반복하게 되면서 자연스레 습관으로 발전할 수 있다. 측정과 평가하는 일이 습관이 된다면 도전의 결과를 확인하고, 성공과 실패의 원인을 찾을 수 있는 기회를 많이 가질 수 있다.

작은 목표를 설정하고 측정과 평가를 하는 것은 바둑에서 복기를 하는 것과 같은 이치다. 복기는 '바둑을 다 두고 난 뒤 내가 두었던 대로 처음부터 놓아보는 것'이다. 이창호 9단은 "바둑에는 '복기'라는 훌륭한 교사가 있다. 승리한 대국의 복기는 '이기는 습관'을 만들어 주고, 패배한 대국의 복기는 '이기는 준비'를 만들어준다."라고 했다. 바둑의 고수는 모두 복기의 대가들이다. 복기는 성공과 실패를 돌아보면서 그 과정을 살펴보고 측정과 평가하는 일이다. 작은 목표는 복기를 계속 반복하도록 돕고 측정과 평가를 하는 습관을 길러준다.

넷째, 작은 목표는 도전 후 결과를 빨리 볼 수 있다는 장점이 있다. 가급적 하루 안에 결과가 나오도록 작은 목표를 설정하는 것이 좋다. 그럴 경우 매일매일 목표를 달성하기 위해 쏟았던 노력의 결과를 당일에 바로 확인할 수 있다. 도전하고 노력한 결과를 지속적으로 확인하는 과정에서 결과가 성공인 경우도, 실패인 경우도 있을 것이다. 실패를 겪더라도 성공과 실패의 차이가 발생하는 원인을 찾아서 개선하다 보면 성공의 확률이 높아질 것이다. 그 과정에서 스스로 성공의 방법을 배우고 정리하고, 익힐 수 있다. 그게 우리가 바라는 궁극적인 목표가 아닐까? 작은 목표를 설정하고 도전하는 과정에서 성공을 성취하는 무수히 많은 방법을 익히다 보면 자연스레 큰 목표까지 달성할 날이 올 것이다.

목표 나누기를 체중 감량에도 적용할 수 있었다. 15*kg*을 감량하고자 목표를 설정했더니 막막해지기 시작했다. 당장 1*kg* 감량도 어려운 시점인데 말이다. 그래서 이를 세분화했다. 체중을 15*kg* 감량하기 위해선 5*kg*씩 세 번 반복하여 체중을 감량하면 15*kg*이 줄어든다. 또, 5*kg*은 1*kg* 감량을 다섯 번 반복하면 감량할 수 있다. 1㎏은 250g을 4번 반복해서 감량하면 달성할 수 있는 것이다. 그래서 나는 4일에 1㎏, 즉, 하루에 250g을 감량하는 것을 작은 목표로 잡았다. 그리고 250g 체중 감량은 비교적 수월히 달성할 수 있는 목표였다. 체중을 감량하면서 다수의 반복적인 성공을 거둘 수 있었던 작은 목표였다.

《습관의 재발견》에서 "모든 훌륭한 업적들은 매우 작은 목표들로 이루어져 있다"고 했다. 목표를 달성하기 위해서는 큰 목표를 작은 목표로 나누는 것이 필수다.

나 역시 처음부터 20㎏을 빼는 것을 목표로 했다면, 도중에 지쳐버렸을 것이다. 주변에서 20㎏ 감량을 목표로 도전하다가 도중에 스트레스를 받고 지쳐서 포기하고 그동안의 스트레스

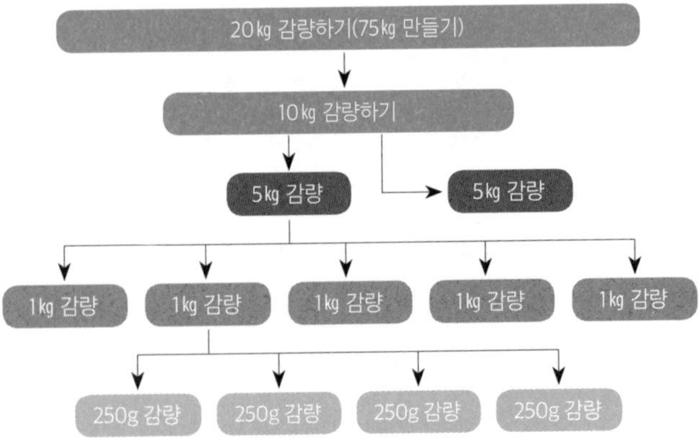

달성 가능한 체중 감량 목표 설정

로 오히려 폭식을 하게 되는 경우를 많이 봤다. 목표가 너무 크기 때문이다. 그렇기에 위대한 목표를 현실적으로 달성 가능한 제일 작은 목표로 나눠서 계획을 세우는 것이 좋다.

하루의 시작과 끝

파이브 키친에서 근무할 때, 출근하자마자 또, 퇴근하면서 무조건 했던 일은 스케줄 점검이었다. 출근하면서 오늘 스케줄을 확인하는 것으로 하루를 시작하고, 퇴근하면서 다음날 스케줄, 이번 주, 그리고 다음 주 스케줄을 확인하면서 하루를 마무리했다. 스케줄에 따라 생활계획을 세웠다. 다음날 출근시간이 그날보다 이르다면 빨리 집에 들어가서 일찍 자고, 다음날 일찍 일어나야 했다. 만약 다음날 출근시간이 늦은 오후라면 그날 밤은 다른 날보다 조금 여유롭게 보낼 수 있었다. 퇴근하고 집에 가서 가볍게 맥주 한 잔을 하고, 보고 싶은 책을 한 권 보다가 잘 수도 있었다.

스케줄을 확인하는 것은 단순하게 다음날 출근 시간을 맞추는 것보다 전반적인 생활 일정을 계획하기 위함이었다. 근무 스케줄이 때때로 바뀌다 보니 스케줄에 맞추어 생활계획을 세우는 것이 습관으로 자리 잡게 되었다. 스케줄표를 보면서 생활계획을 세우는 습관을 20대 중반에 경험했던 것은 지금 돌이켜봐도 참 잘한 일이다.

스케줄표를 보면서 계획을 세우기도 하지만, 하루를 돌이켜 보면서 그날 어떤 일이 있었는지 회상하기도 하고, 평가하기도 한다. 예를 들어 그날따라 고객이 많았고 주문이 많이 들어와서 키친이 많이 바빴는데, 출근시간에 거의 딱 맞춰서 도착했다면? 스케줄을 보면서 그날을 다시 돌이켜보게 된다. 만약 준비해놓은 식자재는 부족했고, 주문이 몰려서 정신없었고 식자재를 찾아 냉장고에서 창고로 계속 뛰어다녔던 하루가 떠오를 것이다. 그러면 다음과 같이 생각할 수도 있다. '조금 일찍 가서 미리 준비해두었다면 정신없이 일하지 않았을 텐데… 다음에는 조금 일찍 출근해야겠다.' 스케줄표를 보면서 자기 평가와 성찰의 기회를 갖는 것이다. 동시에 계획도 세우게 된다. 이렇게 자기 평가와 성찰을 매일 하다 보면 시간이 지날수록 업무계획, 생활계획을 더 잘 세울 수 있게 된다. 평가와 계획을 하면 더 좋은 결과를 얻게 되는 것은 당연한 일이 아닐까.

아침에 일어나 체중을 측정한 뒤에 달력에 기록하고 보는 것, 자기 전에 체중을 측정한 뒤에 달력에 기록하고, 오늘 하루 내가 한 일을 돌이켜 보는 것은 하루의 시작과 끝을 확인하는 일이다. 하루의 시작과 끝을 확인하면 내일은 좀 더 의미 있는 하루가 될 것이다.

달성 가능한 목표, 실행 가능한 계획을 세워야 한다

현재 몸무게가 68kg인 나의 수면효과는 500g 수준이다. 그런데, 1달에 6kg 이상 감량을 목표로 한다면, 예를 들어, 10kg 감량을 목표로 설정할 수 있다. 한 달간의 수면효과 15kg(=500g X 30일)과 체중 감량 목표인 10kg 간에는 5kg(5kg ÷ 30일= 150g)의 차이가 있다.

당일차 - 수면효과 = 감량할 체중,

감량할 체중 X 30일 = 한 달 동안 감량할 체중

150g - 500g = -350g, -350g X 30일 = -10,550g

매일 당일차가 150g을 넘지 않도록 관리한다면 10kg의 체중 감량이 가능하다. 당일차를 150g 이하로 관리하기 위해선 매일 1끼를 먹거나 금식을 해야 한다. 2~3일은 쉽게 도전할 수 있지만, 계속 1끼나 금식을 하면서 한 달을 견뎌 낼 수는 없다. 이는 달성하기 어려운 목표이고 불가능한 계획에 도전하는 것이다.

그러나 10kg 체중 감량을 2개월의 기간에 달성하겠다고 목표를 설정하고 계획을 세우면 달성이 가능하다. 당일차를 300g 수준으로 관리하여 한 달에 6kg를 감량하면 된다.

300g - 500g = -200g, -200g X 30 = -6,000g

당일차 300g 수준은 노력으로 달성 가능한 수치이다. 당일차 300g, 수면효과 500g 이면 목표대로 2개월에 10㎏을 감량할 수 있다. 그래서 우선 수면효과와 당일차를 확인한 뒤 달성 가능한 목표와 실행 가능한 계획을 세워야 한다.

60일 안에 달성 가능한 목표를 세우자

초기에는 체중 감량 기간을 2개월 이상으로 늘리지 말자. 30대 직장인은 2개월 이상의 시간을 체중 감량에 쏟을 만큼 여유롭지 않다. 자기계발, 결혼, 육아 등 다양한 일에 시간과 노력을 쏟아야 한다. 더 중요한 이유는 기간이 늘어나면 체중 감량의 효과가 떨어질 가능성이 높고, 목표를 달성하겠다는 의지, 목표를 달성하는 과정을 관리하는 노력도 현저하게 줄어든다. 그러니 60일 내에 달성 가능한 목표와 계획을 설정하고 달성하기 위해 노력하자. 2개월 후에도 원하는 체중이 되지 않는다면, 즉, 12㎏ 이상 감량해야 한다면, 우선 1차 목표(12㎏)을 달성하고 나서 1~2달간의 휴식기를 가진 뒤 다시 2차 도전을 하자.

60일 후에 현재보다 사이즈가 1~2단계 작은 옷을 입는 것을 목표로 하자. 쉽게 성공할 수 있다. 2년간 실험을 통해 작은 노력으로도 성공할 수 있음을 확인했다. 누구나 체중이 5㎏ 이상 빠지게 되면 옷 사이즈를 최소한 1~2단계 낮춰 입어야 한다. 나 역시 초기에 체중 감량을 하기 전에는 몸무게가 98㎏ 이상에 허리 사이즈 역시 98cm(38인치)를 넘겼다. 키 174cm, 체중 98㎏인 나에게 맞는 옷은 별로 없었다. 그런데 2개월 후 체중 감량 목표를 달성하였고, 체중은 70㎏ 후반, 허리 사이즈는 80cm 아래로 내려갔다. 불과 2달 전에 입던 옷이 주먹이 2개 이상 들어갈 정도로 너무 커져서 입지 못하는 상황이 발생했다.

체중 감량에 성공할 경우 긍정적인 변화가 따라온다. 60일이면 긍정적인 변화를 충분히 확인 가능하다. 체중이 증가하면서 얼마 전에 입었던 옷마저 맞지 않았던 경험을 했던 내가 60일 만에 사이즈가 2단계 줄어든 새 옷을 입을 수 있게 되었다. 덤으로 자신감도 생기고 기분도 좋아졌다. 긍정적인 변화가 아닐 수 없다.

목표와 계획을 구체화, 시각화 시키자

목표와 계획은 구체적으로, 눈에 보이도록 써두어야 한다. 체중을 기록하는 달력에 내가 입을 옷의 사이즈를 적어두자. 브랜드, 매장까지 써두자. 시간을 내어 그 매장에서 가서 그 사이즈의 옷을 입어보는 것도 좋다. 지금은 내가 시도해보기에는 사이즈가 작을 것이다. 그런데 이 옷을 입겠다고 목표로 세우고 계획을 세우자. 몇 ㎏을 감량해야 하는가? 2개월 안에 달성 가능한가? 달성 가능한 목표를 세우자. 나는 헤지스 브랜드 매장에서 가서 슬림한 정장을 입어보았다. 30대 초반에 입었던 32인치 사이즈를 선택하고 입었다. 당연히 나에게 32인치의 바지는 너무 작았다. 허벅지 부분이 바지에 꽉 끼어 잘 들어가지 않았다. 편하게 입을 수 없었다.

2개월 후에 이 정장을 입는 것을 목표로 세웠다. 목표를 달력에 기록했다. 목표와 계획을 구체적으로 세우는 것이 중요하다. 내 허리 사이즈와 입어본 정장 바지의 허리 사이즈 차이를 확인하고 이를 줄이기 위해서는 얼마만큼의 체중을 감량해야 하는지 계산해보자. 내가 32인치의 바지를 입을 수 있었을 때는 몸무게가 70*kg* 후반이었던 시절이었다. 다시 그때의 몸무게가 된다면 그 바지를 딱 맞게 입을 수 있을 것이다. 최소 10*kg* 이상을 감량해야 한다. 이를 2개월 내에 감량하기 위해서는 하루에 얼마만큼의 체중을 줄여야 하는가? 구체적인 계획을 세울 수 있을 것이다.

목표와 계획은 측정 가능해야 한다

매장에 가서 입어봤던 정장을 다시 입을 수 있도록 날씬해지는 것이 목표였다. 허리 사이즈가 32인치 체중이 70*kg* 후반으로 줄어드는 것이다. 허리 사이즈와 체중을 측정하고, 마지막으로 매장에 가서 직접 정장을 입어보았다.

나의 목표 : 12㎏ 이상을 감량하여 2개월 후에 70㎏ 후반의 몸무게를 가지고, 32인치의 바지를 입어보자.(하루에 200g 씩 감량하면 가능하다.)

나에게 맞는 체중 감량 방법을 찾자

생활 습관이 나에게 어떤 변화를 가져오는지 점검하고, 관리하자. 먼저 간헐적 단식의 효과부터 측정해보자. 이를 위해 최소 12~18시간의 공복을 유지할 수 있는 식사 계획을 세워야 한다. 점심 식사를 12시~13시에 하고, 저녁 식사를 19~20시에 한다면 20시부터 다음날 12시까지 최소 16시간의 공복시간을 가질 수 있다.

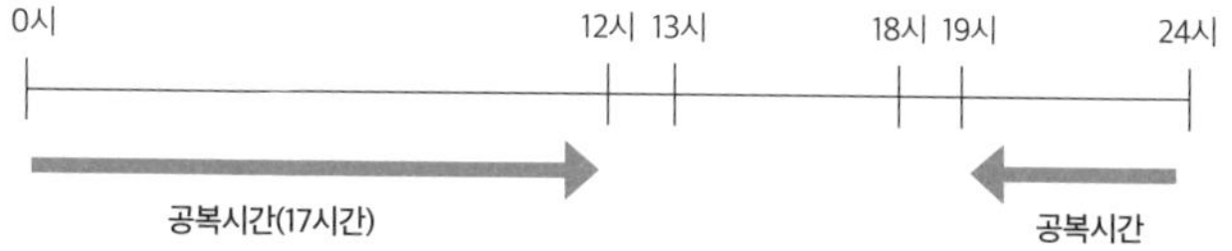

공복시간 설정

계획대로 바로 시작하자. 1주일 정도 시도하면서 몸무게 변화를 확인해보자. 실험하는 기간 동안 혹여나 간식 생각이 나더라도 12~20시 사이에만 최소한으로 먹자. 이때 간식은 견과류를 추천한다. 요즘 20g 소포장으로 나오는 견과류 제품은 허기질 때 먹는 간식으로 좋다. 딱 1주일만 해보자. 12~20시 사이에만 섭취함으로써 간헐적 단식을 시도했고, 체지방이 분해되는 기회를 만들었다. 체중을 확인한다면 분명 감소했을 것이다. 어느 정도 감소했는지가 중요하다. 이 수치를 바탕으로 체중 감량 목표를 세워야 하기 때문이다.

간헐적 단식의 효과를 측정했다면 두 번째로 당질 제한의 효과를 측정해보자. 이번에는 세 끼를 다 먹는 것이다. 그리고 당질을 제한해보자. 당질이 들어갔는지 하나하나 확인하여 제한하는 것은 힘드니 밥·빵·면을 제한해보자. 모든 식사에서 밥·빵·면을 빼고 먹도록 식사 계획을 세운다. 당연히 밥·빵·면과 유사한 음식도 제외한다. 예를 들어 밥 이외에 리조또, 누룽지 등의 메뉴도 제외한다, 빵 이외에 피자, 샌드위치 등의 메뉴와 국수 이외에 파스타 등 유사한 성격의 메뉴까지 모두 제한하는 것이다.

당질 제한의 효과를 정확히 측정하기 위해서는 매 식사마다 섭취하는 양을 비슷하게 유지할 수 있도록 식단 계획을 세운다. 살짝 포만감을 느낄 정도가 좋다. 그리고 일주일 실험해보고 체중 변화를 비교해보자. 당질 제한 역시 효과가 있을 것이고 체중이 줄었을 것으로 예상한다.

그리고 마지막으로 간헐적 단식과 당질 제한을 복합하여 시도했을 때의 효과를 확인하자. 간헐적 단식의 효과를 측정할 때와 유사하게 식사 계획을 세운다. 다만, 저녁 식사에서는 당질을 제한한다. 섭취량은 지난 2번의 시도와 비슷하게 관리한다. 체중 변화를 확인한다. 첫 번째 실험의 경우 간헐적 단식의 효과를 확인할 수 있고, 두 번째 실험의 경우 당질 제한의 효과를 확인할 수 있다.

마지막으로 세 번째 실험을 통해 간헐적 단식과 당질 제한을 복합적으로 시도했을 경우의 효과를 알 수 있다. 당연히 세 번째 실험의 체중 감량 효과가 가장 클 것이다.

체중 감량 목표를 60일(2개월)로 나눠보자. 간헐적 단식 또는 당질 제한만으로 달성이 가능한가? 아니면 간헐적 단식과 당질 제한을 동시에 해야 달성이 가능한가? 간헐적 단식과 당질 제한을 동시에 해도 달성이 불가능하다면 목표를 다시 조정해야 한다. 그리고 세 가지 방법 중에서 어떤 방법이 나한테 가장 편한지 생각해보자. 매우 중요한 부분이다. 체중 감량의 효과가 큰 방법보다는 나한테 잘 맞는 방식을 택해서 시도해야 한다. 간헐적 단식이 힘들다면 당질 제한을, 밥·빵·면을 너무 좋아해서 당질 제한이 힘들다면 간헐적 단식만 해도 된다. 자신에게 맞는 방법을 선택하자. 좋은 계획을 세우는 길이며 지속적으로 실행, 달성 가능한 계획을 세우는 길이다.

목표와 일일 계획을 세우자

어떤 방법으로 체중 감량을 할 것인지 정했다면, 목표와 일

일 계획을 설정하자. 만약 10㎏ 감량이 목표이고, 또, 간헐적 단식의 결과로 하루에 200g의 체중이 줄어들었다면, 50일이면 10㎏을 달성 가능하다. 그런데 실제는 50일보다 더 걸릴 수 있다. 목표 달성 기간 동안 체중이 줄어들면서, 처음 시작할 때보다 체중이 줄어들기 때문에 당연히 수면효과도 줄어들 것이다. 그리고 간헐적 단식이든 당질 제한이든 초기에 측정하고 확인했던 체중 감량 효과 역시 줄어들 것이다.

나 역시 90㎏이 넘을 때는 체중 변화가 눈에 띄었다. 그런데 40여 일 만에 체중이 70㎏ 대로 줄어드니 수면효과, 체중 감량의 폭도 줄었다. 당연하지 않은가? 그 사이 식습관도 변했기 때문에 나는 이미 처음 시작할 때의 내가 아닌 것이다. 측정하고 기록하면 변화를 바로 느낄 수 있다.

셰프의 습관 7

계획하는 습관

계획은 변화를 느끼지 못할 정도로 작게 나누자.

아주 작은 반복이 현실이 되다

초기에 4일마다 1kg을 감량하는 계획을 세웠다. 달력에 오늘부터 4일째 되는 날에 현재 몸무게보다 1kg이 줄어든 몸무게를 써두었다. 그리고 다시 4일째 되는 날(오늘부터 8일째)에는 현재 몸무게보다 2kg이 줄어든 몸무게를 써두었다. 이런 식으로 반복하니 한 달 달력을 금세 다 채울 수 있었다. 마지막 28일째에는 7kg이나 줄어드는 한 달 계획이 나왔다. 90kg에서 83kg으로 7kg을 감량하는 목표와 4일에 1kg을 감량하는 계획이다. 손으로 직접 쓰니 목표와 계획이 기억에 확실히 남았다.

달력의 오른쪽 하단에 목표 몸무게를 써두었다. 하지만 목표를 4일마다 써두는 것은 지속적으로 관리하기에 어려움이 있다. 그래서 다시 2일로 나눠 500g씩 감량하는 계획을 달력에 기록했다. 2일마다 목표 체중을 다시 써두었다. 목표는 2일에 한 번씩 적혀있지만 목표 달성 가능 여부는 매일 확인이 가능했다. 날짜에 목표가 적혀 있으면 달성 여부를 바로 확인 가능했고 만약 내일 날짜에 목표가 적혀있으면 오늘 측정한 몸무게에 내일 줄어들 몸무게를 추측하여 내일 목표를 달성할 수 있을지 예상해보았다.

만약 다음날 목표 달성이 어려울 것으로 보이면 다음날은 평소보다 조금 더 노력하기로 마음을 먹게 되었다. 달력에 목표와 계획을 써두고 매일 측정한 체중과 비교를 하며 점검했다. 그러다 보니, 내 생활을 돌아보고 평가하고 또, 성찰하고 있다는 느낌이 들었다. 매일 평가를 반복하다 보니, 달력에 써둔 체중 목표는 결국 현실이 되었다.

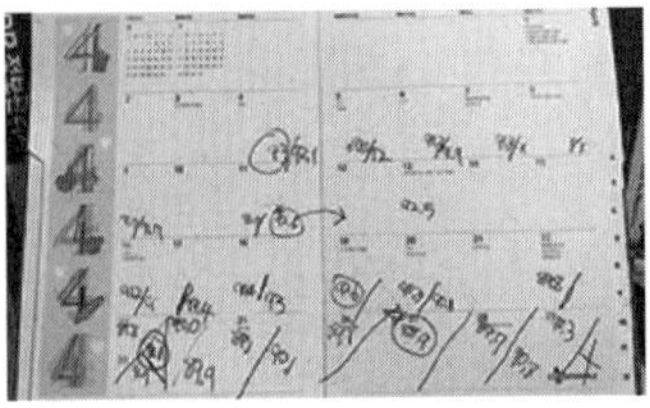

2017년 4월 달력

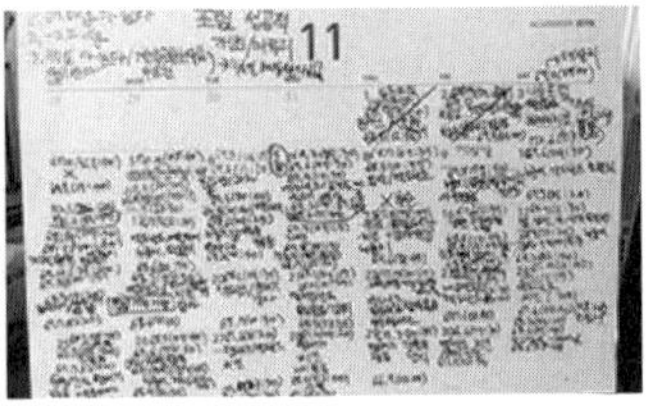

2018년 11월 달력

4장

핵심 습관을 들인 결과 Ⅰ

: 건강한 식습관

매일 아침 하루 일과를 계획하고 그 계획을 실행하는 사람은,
극도로 바쁜 미로 같은 삶 속에서 그를 안내할 한 올의 실을
지니고 있는 것이다. 그러나 계획이 서있지 않고 단순히
우발적으로 시간을 사용하게 된다면,
곧 무질서가 삶을 지배할 것이다.

— 빅토 위고

어떤 음식을 먹어도 살이 찌지 않는 식습관

30대가 되면 기초대사량이 줄어든다. 이전처럼 동일한 식단으로 먹으면 살이 찔 수밖에 없다. 30대부터는 체중을 감량할 만큼 운동을 할 수 있는 시간적, 체력적 여유가 많지 않다. 30대가 되어서 체중이 급격히 늘었다면, 늘어난 체중을 효율적으로 감량하고 지속적으로 관리하는 방법을 익혀야 한다. 살을 그냥 빼는 것이 아니라 지방이 분해되는 조건을 만들어서 지방을 없앤 뒤 몸무게를 줄이고, 건강한 체형을 만드는 방법을 택하는 것이 좋다. 이를 쉽게 도와줄 방법이 바로 건강한 식습관이다.

원하는 몸무게를 목표로 요요 없이 건강한 체형을 지속적으로 유지하기 위해 건강한 식습관을 들이려고 노력했다. 30대 초반에 식습관을 제대로 들이지 않는다면, 관리 방법을 제대로 익혀두지 않는다면 30대에 접어들면서 늘어난 체중은 평생 빠지지 않고 계속 이어질 가능성이 크다고 한다.

나는 셰프의 7가지 습관을 2017년 5월부터 나에게 실험하였다. 그 결과 6주 만에 13kg의 체중을 감량하는 성과를 내었다. 그러나 여기에서 만족하지 않고 건강한 식습관을 들여서 요요 없이 체중을 꾸준히 관리하고, 추가로 더 감량하여 20대 시절의 체형과 몸무게를 되찾는 것을 다음 목표로 잡았다. 지칠 대로 지쳐있던 30대 중반의 나에게 20대 시절의 체형과 몸무게를 되찾는 것은 그때 그 시절의 열정을 되찾는 일이었다.

아침부터 저녁까지
살도 빠지는 핵심 습관

특별히 힘들게 운동을 하거나, 2일 이상 금식을 했던 적은 한 번도 없었다. 습관적으로 측정하고, 기록하고, 점검하고, 평가했다. 그리고 체중이 증가했을 때는 조금 참으며 간헐적 단식과 당질 제한을 통해 늘어난 몸무게를 줄였다. 그렇게 건강한 식습관을 들이는데 성공하였다.

핵심은 단순하고 지루할 것 같은 일상, 힘들지 않은 습관, 행동을 꾸준히 반복해서 건강한 식습관을 들였고, 습관의 결과로 건강한 체형을 되찾은 것이다.

06시 30분	기상, 체중 측정
측정하는 습관 기록하는 습관 점검하는 습관 평가하는 습관	알람시계에 눈을 뜬다. 졸린 눈을 비비고 일어나서 화장실로 향한다. 화장실에 갔다가 서랍장 위 달력을 보러 간다. 무의식적으로 달력 앞 체중계에 오른다. 68.1㎏이다. 측정한 몸무게를 달력의 오늘 날짜 칸의 왼쪽 상단에 기록한다. 어제 날짜의 오른쪽 하단에 기록된 밤 몸무게를 확인한다. 68.6㎏이다. 간밤에 얼마나 줄었는지 확인하니 500g이다. '오늘의 수면효과는 보통 수준이구나.' 편한 마음으로 씻고 준비하고 출근한다.
08시 30분	출근 완료/업무 시작
식사하는 습관	직장에 도착하여 내 자리에 앉는다. 텀블러에 들고 간 커피를 마시며 노트북을 켠다.
08시 30분 ~ 12시	오전 업무
식사하는 습관 참고 견디는 습관	업무에 몰입한다. 가끔 배고픔과 허기짐을 느끼지만, 커피 또는 물을 마시며 업무에 집중한다. 집중하다 보면 배고픔을 덜 느끼게 되고, 시간도 금방 지나가게 된다. 업무에 집중하는 이 시간은 당질을 섭취하고 나서 20시간이 지난 시점으로 지방분해가 활발히 일어나고 있는 시점이다. 이때 느끼는 배고픔은 지방이 분해되고 있다는 신호, 체중이 줄어들고 있다는 신호이다. 배고픔을 즐기며 열심히 근무한다. 배고픔은 체중 감량에 있어서는 매우 좋은 신호이기에 참을 수 있다면 커피/물을 마시며 참고 견디자.
12시 ~ 13시	점심 식사 시간
식사하는 습관 셰프의 테이스팅 (tasting)	먹고 싶은 메뉴나 동료가 제안하는 메뉴 중에서 선호하는 메뉴를 먹는다. 정량을 먹고, 굳이 배고프지 않다면 더 먹지 않는다. 점심을 꼭꼭 씹어 맛을 음미하면서 천천히 먹는다.
13시 ~ 18시	오후 업무
식사하는 습관	업무에 몰입한다. 허기짐을 느끼면, 커피 또는 물을 마신다. 못 참겠으면 견과류 또는 쿠키 1~2조각을 먹는다.
19시	퇴근 및 귀가 완료

19시 ~ 20시	저녁 식사 시간
식사하는 습관 셰프의 테이스팅 (tasting)	가급적 당질(밥·빵·면)을 제한한 메뉴를 선택한다. 저녁을 꼭꼭 씹으며 맛을 음미하면서 천천히 먹는다.
20 ~ 23시	자기계발, 여가활동
인내하는 습관	자기계발, 여가 활동 등을 하며 저녁시간을 보낸다. 혹시 배고픔, 허기짐이 느껴지면 커피 또는 물을 마신다. 배고픔은 좋은 신호이기에 참을 수 있을 정도라면 견딘다.
23 ~ 24시	체중 측정, 취침 준비
점검하는 습관 기록하는 습관 측정하는 습관 점검하는 습관 평가하는 습관 계획하는 습관	자기 전에 서랍장 위 달력을 보러 간다. 특이사항을 기록하고, 주요 일정 및 계획을 달력에 기록한다. 달력 앞 체중계에 오른다. 69.0㎏. 측정한 몸무게를 달력의 오늘 날짜 칸의 오른쪽 하단에 기록한다. 왼쪽 상단에 기록된 오늘 아침 몸무게를 확인한다. 68.1㎏. 아침, 밤사이에 얼마나 늘었는지 확인하니 900g이다. '오늘은 평소보다 많이 늘었구나. 왜 늘어난 걸까? 언제, 무엇을, 어떻게 먹었기에 늘어난 걸까?' 내일은 조금 소식하고, 몸무게가 오늘보다 덜 늘도록 관리하겠다고 다짐한다.
00시 ~ 00시 30분	취침
식사하는 습관	취침에 들어간다.
00시 30분 ~ 06시 30분	취침/수면 시간
식사하는 습관	수면시간 동안 당질 섭취 후 12시간 ~ 18시간이 되는 시점 지나고 지방 분해가 일어나기 시작한다. 당연히 수면을 취하고 있기에 나도 모르는 사이 자는 동안 지방이 분해되는 것이다.

하루 일과

습관을 만드는 과정 중에 중요한 부분이 신호를 설정하는 것이다. 아침에 일어나면 일어나는 것을 신호로, 아니면 화장실을 갔다 오는 것을 신호로 설정했던 것이 핵심 포인트였다. 매일 반복되는 그 행동, 그 행동을 신호로 선택하고 신호를 확인하는 순간 바로 체중계에 올라가야 한다. 그리고 체중을 측정하고 달력에 기록하자. 이를 자동화 시키는 것, 습관으로 만드는 것이 핵심이다.

습관이 되면 아침마다 자동으로 실행하게 되고 체중 데이터가 쌓일 것이다. 거기에 간헐적 단식과 당질 제한을 활용한다면 수월하게 자신이 원하는 체중을 가질 수 있게 된다.

습관의 결과물

측정/기록하는 습관의 결과 1 - 측정, 기록의 결과

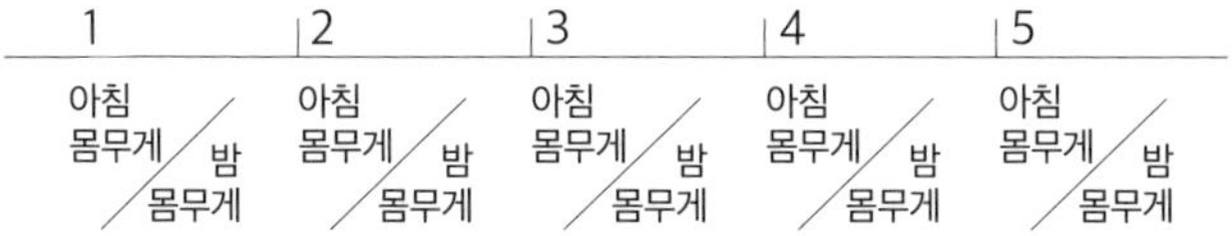

달력에 기록하는 방법

달력에 체중을 기록하는 방법은 간단했다.

오른쪽에서 왼쪽으로 사선을 긋고, 왼쪽 상단에 아침에 측정한 체중(아침 몸무게)을 기록했다. 그리고 오른쪽 하단에 밤에 측정한 체중(밤 몸무게)을 적었다. 초기에는 측정한 체중을 기록하는 데에 집중했다.

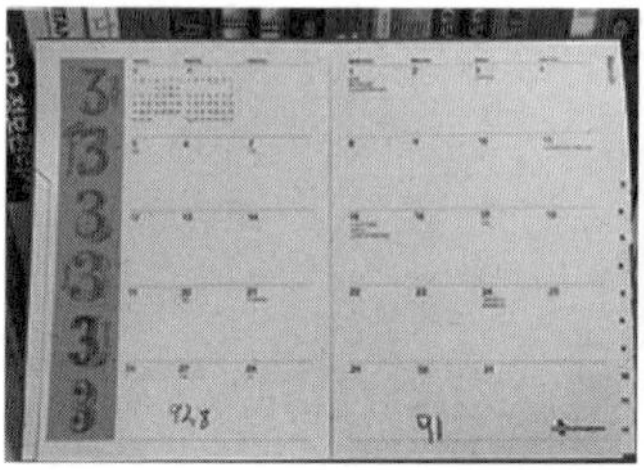

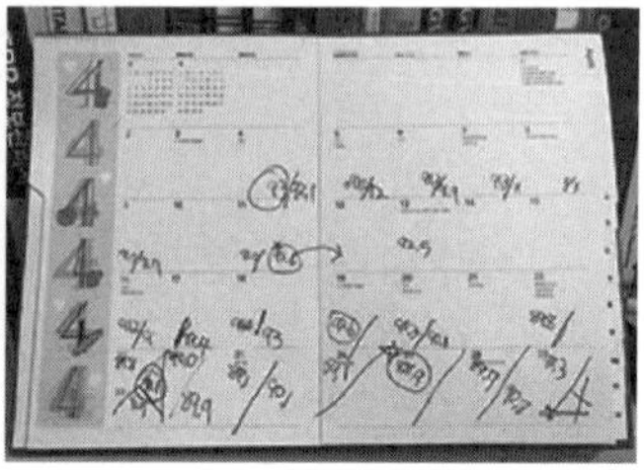

2017년 3월 달력　　　2017년 4월 달력

측정/기록하는 습관의 결과
- 더욱 진화해 가는 측정, 기록들

현재 나는 그날 먹은 음식까지 대부분 기록하고 있다. 처음에는 먹는 음식까지는 기록하지 못했다. 나중에 어떤 음식을 먹느냐에 따라 몸무게에 변화가 있다는 것을 알고 나서부터 먹은 음식도 달력에 기록하기 시작했다.

초기에는 그날 먹은 음식을 바로 인스타그램에 올리는 방식으로 기록하기 시작했다. 달력의 빈틈에는 그날의 특이사항, 특별활동도 적었다. 측정하고 기록을 하니 데이터가 차곡차곡 쌓이기 시작했다.

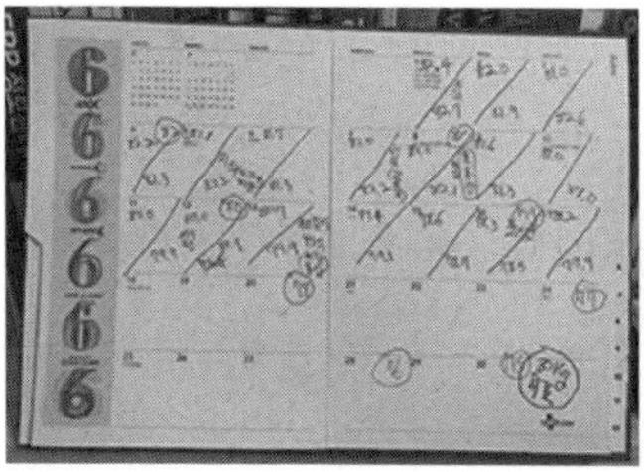

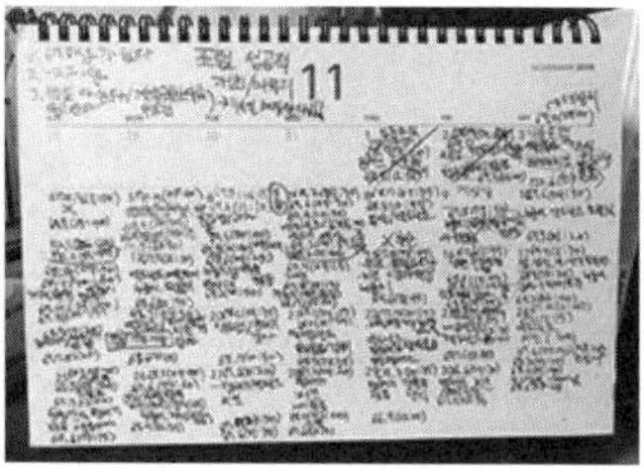

2017년 6월 달력 2018년 11월 달력

학습하는 습관의 결과

- 문헌고찰, 관찰, 실험을 통해 좋은 지식을 얻을 수 있다

서적을 통해 간헐적 단식과 당질 제한에 대한 지식을 얻었고 다음과 같이 정리할 수 있었다.

• 우리 신체가 작동하는 원리

우리 몸은 먹을 것을 구할 수 있을 때에는 음식을 먹고, 먹을 것이 없을 때 지방으로 저장해둔 칼로리를 사용하도록 설계되어 있다. 식사를 한 경우 체지방에 축적된 에너지를 사용하기 전에 음식에서 얻은 에너지부터 먼저 연소한다. 하지만 공복 시에는 체지방이 바로 연소되기 시작한다. 단식은 마실 것을 포함한 음식의 일부 또는 전부를 미리 정한 기간 동안 자발적으로 금하는 행위이다. 간헐적 단식을 통해 공복 상태를 만들어 우리 신체가 체지방을 연소하도록 만들 수 있다.

• 살이 찌는 명백한 이유

① 많이 먹어서 살이 찌는 것이 아니라 지방이 쌓이기만 하고 분해되지 못하기 때문에 살이 찌는 것이다

체지방이 분해될 수 있는 환경과 조건을 만들지 못하기 때문에 체지방이 쌓이고 체중이 증가하는 것이다. 그렇다면 체지방이 분해되는 조건을 만드는 것과 체지방을 분해해서 에너지로 쓰는 체질을 만드는 것을 목표로 삼으면 체중 감량을 보다 수월히 할 수 있을 것이다.

② 단기 단식을 통해 공복 상태로 만들고, 체지방을 연소시키자

공복 상태는 지방 분해 및 지연 연소가 일어나는 시기이다. 단식을 하여 공복 상태를 만들어주면 체지방 분해가 일어나고, 체지방을 연소시켜서 체중을 감량할 수 있을 것이다.

간헐적 단식으로 우리 몸은 만복 상태에서 공복 상태로 전환하고, 이때 지방 분해(지방이 지방 조직에서 유리되는 것) 및 지방 산화(지방이 연소되는 것)가 대폭 증가한다. 단기 단식을 하면 우리 몸은 지방 저장을 멈추고 지방을 사용하기 시작한다. 식후 12~14시간 후에는 체지방이 몸을 움직이는 주요 연료원이 된다.

③ 당질 제한을 통해 체지방을 분해한 뒤 에너지원으로 사용하는 체질로 만들자

당질을 섭취하면 혈당값이 급격히 오르고 이를 낮추기 위해 인슐린이 추가 분비된다. 당질, 지방, 단백질 중 혈당값을 올리는 것은 당질 뿐이다. 인슐린은 혈중 포도당을 에너지원으로 사용하도록 하고, 남은 포도당을 체지방으로 바꾸는 작용을 하는 비만 호르몬이다. 당질 제한 다이어트는 당질을 제한하여 인슐린의 추가 분비를 막고, 최종적으로 체지방이 쌓이는 것을 방지한다. 단순한 다이어트 방법이 아니라 식습관을 개선함으로써, 건강한 체질을 만드는 일인 것이다.

간헐적 단식과 당질 제한은 공통적으로 인슐린 수치가 낮은 상태가 체지방 분해가 일어나는 조건이라고 말한다. 식후 14시간이 되면 인슐린 수치가 극도로 낮아지고 우리 신체는 체지방을 분해해서 몸을 움직이는 주요 연료원으로 쓰기 시작한다. 그렇기에 14시간의 공복을 만들든지, 아니면 당질 섭취를 제한하여 인슐린 분비를 막고 수치를 낮추는 방법으로, 혹은 2가지 방법을 섞어 사용하여 체지방 분해를 유도할 수 있다는 결론이 나왔다.

평가하는 습관의 결과 1
- 건강검진 결과부터 평가하다

2010년 12월 입사하여 2018년 6월 퇴사할 때까지 회사에서 받았던 건강검진 결과표를 가지고 있었다. 2012~2016년 사이의 5년 치의 건강검진 결과표였다. 내가 왜 살찌는지 확인하기 위해 내가 가지고 있는 데이터를 분석해보기로 했다.

먼저 체중을 확인했다. 입사할 때 몸무게는 66kg이었다. 입사한 이후 2015년 살짝 감소한 이후 2016년까지 몸무게가 늘었다. 66kg에서 93kg까지 늘었다. 2016년 9월 3일 건강검진 이후에도 체중을 더 늘어났을 것으로 예상한다. 98kg을 넘은 것까지 확인한 뒤 체중계를 멀리하기 시작했었다. 체중이 30kg 이상 꾸준히 증가했다.

표를 보면 눈에 띄는 수치가 2개 보인다. 2014년의 중성지방, 2015년과 2016년의 식전 혈당 수치다. 2014년에 갑자기 중성지방 수차가 증가한다. "중성지방은 동식물성 지방의 흡수뿐 아니라, 탄수화물을 재료로 간에서 합성되기도 한다." 즉, 동물성 지방과 탄수화물(당질)을 과다 섭취한 것이 중성지방 수치가 높게 나온 원인일 것이다. 그리고 2015, 2016년에는 식전 혈당 수치도 높게 나온다. 이 역시 당질을 과다 섭취한 것이 원인일 것이다. 2016년은 전년 대비 9kg의 체중이 증가한다. 체지방률이 30%를 넘겼다. 체중이 9kg 증가하는 동안 체

측정년도	2011년	2012년	2013년	2014년	2015년	2016년	참고치
측정일자	3월 1일	5월 18일	5월 24일	6월 5일	8월 22일	9월 3일	
키	173	173	174	174	174	175	
체중	69.0	77.0	84.0	86.3	83.5	93.3	
전년비		8.0	7.0	2.3	2.8	9.8	
허리둘레			86	92	95	95	0~89
비만도			126	129	125	137	90~110
체지방률			23.0%	27.3%	27.6%	30.3%	10~20%
체지방량			19.3kg	23.6kg	27.6kg	30.3kg	8.0~16.0
단백질			16.4kg	12.5kg	12.2kg	13.4kg	10.1~12.3
최고혈압	120	120	152	138	124	127	100~119
최저혈압	80	80	99	78	83	83	60~79
총콜레스테롤		171	183	175	172	211	130~199
중성지방		55	66	205	77	178	34~149
식전혈당		92	94	97	110	112	70~99

2012~2016년 건강검진 데이터

지방이 4*kg*이나 증가했다. 몸무게 증가도 문제지만, 체지방 증가 비율이 높았다. 2016년 건강검진 결과 체지방이 전체 체중의 30%를 넘었다. 체지방이 늘어났고, 비만이 되었다는 걸 확실히 확인시켜준다.

중성지방 수치가 높은 데에는 늦은 시간에 튀긴 음식, 삼겹살 등 기름진 음식을 자주 먹고 음주를 했기 때문이었다. 또, 편의점에서 파는 얼음컵 커피를 하루에 2~3개씩 사 먹곤 했던 습관이 당질을 과다 섭취하도록 만든 원인 중 하나였을 것이다. 동물성 지방과 당질을 많이 섭취하는 식습관과 규칙적으로 운동을 하지 못하는 생활습관이 합쳐진 결과 중성지방, 식전 혈당, 콜레스테롤 수치를 높였고, 결국 체지방, 체중이 증가하는데 매우 큰 영향을 미쳤다.

평가를 하니 체중이 증가한 이유를 보다 정확히 알 수 있었다. 먹는 양뿐만 아니라 균형 잡히지 못한 식단, 불규칙적인 식사, 매우 빠른 음식 섭취 속도 등 전체적인 식습관이 근본적인 원인이라는 생각이 들었다. 체중이 증가할 당시 근무시간은 불규칙적이고 지방 출장을 많이 다녔다. 또, 바쁘고 힘들다는 이유로 규칙적으로 운동을 하지 못하는 생활습관도 원인일 것이다.

그렇다면 식습관과 생활습관을 개선하는 것이 나의 건강 문제의 해결책이 되지 않을까 생각했다. 그동안 쌓아놓은 데이터인 건강검진 기록을 평가하니 식습관과 생활습관을 개선해야 함을 몸소 느꼈다.

평가하는 습관의 결과 2
- 식습관의 변화, 그 결과를 평가하다

— 이론 학습 후 실험의 효과 : 말로 다할 수 없을 정도로 매우 크다

두 권의 책과 체지방 분해 관련 이론을 찾아보고 나서부터

요일	일자	아침	밤	누계감량	수면효과	당일차	비고
일	4월30일	91.7	91.1	1.3		- 0.6	
월	5월1일	89.9	91.0	3.1	1.2	1.1	
화	5월2일	90.4	90.0	2.6	0.6	- 0.4	
수	5월3일	89.9	89.6	3.1	0.1	- 0.3	
목	5월4일	89.1	90.2	3.9	0.5	1.1	
금	5월5일	89.0	89.4	4.0	1.2	0.4	
토	5월6일	89.0	90.1	4.0	0.4	1.1	
일	5월7일	89.4	91.1	3.6	0.7	1.7	목표수립
월	5월8일	89.7	90.9	3.3	1.4	1.2	
화	5월9일	90.0	89.5	3.0	0.9	- 0.5	이론 습득 : 당질 제한
수	5월10일	88.7	88.7	4.3	0.8	-	
목	5월11일	88.4	88.8	4.6	0.3	0.4	
금	5월12일	88.3	89.4	4.7	0.5	1.1	과식으로 예상됨.
토	5월13일	88.4	88.7	4.6	1.0	0.3	이론 습득 : 간헐적 단식
일	5월14일	88.0	87.4	5.0	0.7	- 0.6	
월	5월15일	86.9	87.4	6.1	0.5	0.5	
		- 4.8	- 3.7	6.1	0.72	0.47	

2017년 5월 상순 체중 데이터

체중이 눈에 띄게 줄기 시작했다. 책을 보지 않았더라도 체중이 줄어들었겠지만 이처럼 빠른 속도로 꾸준히 체중이 줄지는 않았을 것이다.

- 2017년 5월 1일(월)부터 5월 9일(화)까지 체중 변화 ⇨ 체중을 측정하고 기록하는 습관을 들일 수 있었다.

- 5월 1일 아침 : 89.9*kg*, 5월 9일 아침 : 90.0*kg* ⇨ 거의 변동이 없다. 그러나 5번의 과식을 했던 것을 감안하면 오히려 살이 찌지 않은 게 다행이었던 상황이다.
- 5월 9일(화)부터 5월 13일(토)까지 체중 변화 ⇨ '당질 제한' 이론을 접함.
- 5월 9일 아침 : 90.0*kg*, 5월 13일 아침 : 88.4*kg* ⇨ 1.6*kg*이 줄어들었다.

당질 제한의 효과를 확인하고, 이를 통해 체중 감량이 가능하다는 걸 확인했고, 실험하기 시작했다. 당질을 제한하고 식사를 했다. 여기서 아쉬운 점은 그 당시 무엇을 먹었는지 자세하게 남기지 않았다는 것이다. 정리하면서 기록의 중요성을 다시 한 번 느끼게 되었다.

결론은 당질을 거의 먹지 않았고, 체중은 줄어들었다. 4일 동안 하루에 평균 400g씩 줄어든 셈이다. 12일에 과식한 것(당일차가 1.1*kg*로 다른 날들에 비해 크다.) 분명 과식한 것을 감안해도 체중 감량 효과는 큰 편이다. 당질 제한을 하니 체중 감량에 효과가 있는 것을 확인할 수 있었다.

- 5월 13일(토)부터 5월 15일(월)까지 체중 변화 ⇨ '간헐적 단식' 이론을 접함.

• 5월 13일 밤 : 88.7㎏, 5월 15일 아침 : 86.9㎏ ⇨ 1.8㎏이 줄어들었다.

간헐적 단식 관련 책을 읽었고 토요일 저녁을 먹고 나서부터 간헐적 단식을 시도해보기로 결심했다. 저녁을 가볍게 먹고 소식을 해서 그런지 그날 밤 몸무게는 88.7㎏으로 당일차가 300g밖에 되지 않았다.

다음 날 아침에 일어나서 체중을 재어보니 88.0㎏으로 700g이나 줄어있었다. 금요일에 과식하여 토요일 아침에는 수면효과가 1,000g이나 되다 보니 700g의 의미를 잘 몰랐었다. 일요일에는 단식을 하며 하루를 보냈다. 식사를 하지 않으니 시간적 여유가 많았다. 독서를 하고, TV도 보고 아이들이랑 놀아주면서 단식하고 있다는 사실을 잊은 채 하루를 보냈다. 밤에 체중을 재니 87.4㎏으로 당일차가 −600g으로 아침에 비해서 600g이 줄어있었다. 과격한 운동을 한 것도 아닌데 체중이 줄어있어서 신기했다.

더 신기한 일은 그 다음날 아침에 있었다. 체중을 재니까 86.9㎏으로 수면효과가 500g이었다. 단식을 하기 전인 토요일 아침의 88.4㎏과 비교했을 때 총 1.5㎏이 줄어들었다. 1㎏을 빼려면 러닝머신에서 몇 시간을 뛰어야 하는데, 딱히 힘든 일을 한 것도 아닌데, 주말 이틀 동안 1.5㎏이 빠졌다. 간헐적 단식을 시작한 토요일 밤에 비해 1.8㎏이 줄어든 것이다.

요일	일자	아침	밤	누계감량	수면효과	당일차	비고
월	5월15일	86.9	87.4	6.1	0.5	0.5	
화	5월16일	86.5	86.6	6.5	0.9	0.1	
수	5월17일	86.1	86.6	6.9	0.5	0.5	
목	5월18일	85.9	88.2	7.1	0.7	2.3	음주:퇴근후 양미옥, 노가리 축제, 골뱅이
금	5월19일	87.5	86.5	5.5	0.7	- 1.0	연구소 급식먹고 군것질 자제함.
토	5월20일	85.9	86.5	7.1	0.6	0.6	점심에 돌잔치(뷔페식) 참석
일	5월21일	85.8	84.8	7.2	0.7	- 1.0	
월	5월22일	84.4	84.8	8.6	0.4	0.4	
화	5월23일	84.4	84.2	8.6	0.4	- 0.2	
수	5월24일	83.6	85.2	9.4	0.6	1.6	처가:닭백숙 비롯하여 많은 음식
목	5월25일	84.2	84.5	8.8	1.0	0.3	
금	5월26일	83.7	83.8	9.3	0.8	0.1	퇴근 후 야구 경기 관람
토	5월27일	83.1	83.9	9.9	0.7	0.8	처가:두부김치 등
일	5월28일	83.4	82.9	10.5	0.4	- 0.5	부산 결혼식 방문, 장시간 운전, 에너지 소비
월	5월29일	82.5	82.9	10.5	0.4	0.4	
화	5월30일	82.5	83.8	10.5	0.4	1.3	교육 끝나고 음주(막창+소주)
수	5월31일	83.3	83.4	9.7	0.5	0.1	
		- 3.6	- 4.0	9.7	0.61	0.37	

2017년 5월 하순 체중 데이터

간헐적 단식을 직접 실험해보니 효과는 예상했던 것보다 훨씬 좋았다. 망치로 머리를 한 대 맞은 느낌이었다. 이렇게 쉽게 빠질 줄 몰랐다. 학습을 통해 정확한 이론을 배우는 것이 어떤 결과를 가지고 오는지 확인하는 순간이었다.

— 학습 후 식습관 변화의 결과를 평가하다

습득을 한 이론을 활용하여 체지방을 없애고, 체중 줄이기 위한 실험을 하였고 결과를 분석, 평가했다.

- 5월 16일(화)부터 5월 31일(수)까지 체중 변화 ⇨ 수면 효과가 600g 수준으로 꾸준히 발생하고 있다. 당일차는 400g 대이다. 640g - 410g = 230g으로 하루에 평균 230g씩 체중이 줄어들고 있다. 아침 기준으로 5월 15일 대비 5월 31일에는 몸무게가 3.6㎏ 줄어들었다.

당일차에 영향을 주는 요인

• 섭취한 음식물의 총량

① 섭취한 음식물의 총량이 많으면 당일차가 크다. 총량이 적으면 당일차도 적다.

② 간헐적 단식을 할 경우 당일차는 마이너스가 된다. 섭취하는 음식물이 적으니 당연한 결과다. 과도하게 물을 많이 마시지 않는 이상 체중이 줄어들고, 덩달아 당일차도 줄어든다.

• 음식물의 종류

① 당질을 제한하고 단백질 위주로 식사할 경우 체중이 줄어들 가능성이 높다.

② 수분이 많은 음식(국, 탕류)과 음료를 많이 마시면 당일차

가 커진다.

• 음주 여부

① 수분함량 : 우선 주류의 경우 수분함량이 높아서 마실 경우 당일차가 커진다.

② 안주 : 치맥(치킨+맥주), 삼겹살+소주/곱창+소주 등 술과 잘 어울리는 안주를 곁들여 먹게 될 가능성이 높고, 덩달아 섭취한 음식물의 총량도 늘어난다.

③ 긴 음주 시간 : 보통 직장인의 경우 1차뿐만 아니라 2, 3차까지 하다 보면 음주 시간에 비례하여 음식물을 섭취하는 총량이 늘어나고, 섭취 시간(만복 상태)도 길어진다. 지방이 분해되는 공복시간은 상대적으로 줄어든다.

④ 알코올 분해 : 신체가 알코올을 분해하는 동안 지방 분해의 속도가 떨어지고 지방 분해를 막아서 지방분해속도가 떨어질 가능성이 높다.

• 활동량/운동량

상대적으로 많이 걷거나 움직이는 등 다른 날보다 활동량이 많으면 당일차가 줄어든다.

5월 26일 : 당일차 0.1*kg*, 고척돔에서 야구 경기를 관람하기 위해 경기장까지 걸었고, 경기장 안에서도 많이 움직였다. 그 결과 당일차가 적게 나왔다.

5월 28일 : 당일차 −0.5*kg*, 운전해서 부산의 결혼식에 참석하느라 활동량이 많았고 체력 소비도 크다 보니 당일차가 적게 나온 것으로 추측된다.

수면효과에 영향을 주는 요인

① 공복 상태 여부 : 수면 3~4시간 전부터 공복 상태 유지 시 수면효과가 크다.

② 당질 섭취 제한 여부 : 수면 전 마지막 식사에서 당질을 제한할 경우 수면효과가 커진다.

③ 음주 여부 : 지방 분해를 막고 지방 분해 속도를 떨어뜨려서 음주 후 수면효과가 다른 날 에 비해 줄어든다.

④ 수면의 질 : 잠을 푹 자면 수면효과가 크다. 수면 3~4시간 전부터 단식하고 푹 자면 수면의 질이 높아지고 지방 분해 효과도 커진다.

[결론]

당일차와 수면효과의 관계

당일차 〉 수면효과 ⇨ 체중 증가

당일차 = 수면효과 ⇨ 체중 유지

당일차 〈 수면효과 ⇨ 체중 감소

체중이 늘지 않게 관리하는 방법

당일차 ≤ 수면효과

당일차에 영향을 미치는 요인

1. 섭취한 음식물의 총량
2. 음식물의 종류
3. 음주 여부
4. 활동량/운동량

수면효과에 영향을 미치는 요인

1. 공복 상태 여부
2. 당질 섭취 제한 여부
3. 음주 여부
4. 수면의 질

평가를 통해 얻은 것들

1. 건강 검진 결과를 평가하여 체중이 늘어난 이유를 확실히 알게 되었다. 현재의 문제를 확인하고 개선 포인트를 찾았다.

2. 측정/기록으로 얻은 데이터를 평가하여 학습(문헌고찰, 벤치마킹, 실험)으로 알게 된 지식인 당질 제한과 간헐적 단식의 효과를 직접 평가, 확인할 수 있었다.
3. 몸무게 측정, 기록 데이터를 평가하여 체중을 수월히 관리할 수 있는 지수(당일차, 수면효과)를 발견할 수 있었다.
4. 쉽게 측정 가능한 당일차와 수면효과를 이용하여 체중 감량 전략을 세울 수 있었다. 이제 칼로리는 잊어도 된다. 체중 감소를 아래 공식 하나로 정리할 수 있다.

당일차 < 수면효과 ⇨ 체중 감소

초기 한 달간의 학습, 실험 결과를 평가해보니 몸무게를 지속적으로 측정, 평가한다면 칼로리를 계산할 필요 없이 당일차와 수면효과를 이용하여 체중을 감량하고 유지할 수 있음을 확인했다. 측정, 기록한 데이터를 평가한 결과 당일차와 수면효과에 영향을 미치는 요인을 확인할 수 있었다. 이를 활용하면 체중관리를 수월히 할 수 있을 것이다.

2017년 5월 체중 변화 그래프

계획하는 습관의 결과

수면효과는 수면시간 동안 줄어드는 몸무게를 나타내는 지표이다. 숙면을 취해서 수면의 질을 높이면, 잠을 잘 자면 커진다.

당일차에 영향을 미치는 요인은 섭취한 음식물의 총량, 음식물의 종류, 음주, 활동량이다. 수면효과와 당일차에 영향을 미치는 요인들을 꾸준히 관리하기 위해서는 계획을 세워야 한다. 숙면 계획, 식사 계획, 음주 계획, 활동 계획을 세운다면 수면효과와 당일차를 관리하여 체중을 감량할 수 있다. 우선 숙면 계획을 세워보자.

숙면 계획 : 규칙적인 생활을 하니 수면시간이 고정된다

저녁 7시 전에 식사를 하고 새벽 1시 전에 수면에 들어갔다.

체중을 감량하면서 12시 반에서 1시 사이에 자고 6시 반에 일어나는 규칙적인 생활을 시작했다. 가급적 수면에 들기 6시간 전에 식사를 했다. 6시간 동안 수면을 할 경우 12시간 공복시간을 확보할 수 있었다. 수면시간을 고정하니, 기상 후부터 다음 식사인 점심시간(12시~1시)까지 적게는 4시간, 많게는 6시간의 체지방 연소 시간을 만들 수 있었다. 그 시간 동안 내 몸은 체지방을 태워서 연료로 사용하며 없애버렸다. 매일 정해진 시간에 자고, 정해진 시간에 일어나는 습관을 들였다. 이로써 지방을 태워서 연료로 사용하는 체질로 바뀌었다. 수면시간을 규칙적으로 유지하니 수면효과가 안정적으로 나타났다.

식사 계획 : 식사시간, 식사량, 식단을 계획하고 제한했다

◇ 식사시간

12시~13시 사이에 점심 식사를 하고 18시에서 19시 사이에 저녁 식사를 하니 17시간의 단식 시간을 확보할 수 있었다. 하루에 3시간에서 5시간의 지방 연소 시간을 가질 수 있었다. 단식 후 12~14시간이 지나는 시점을 오전이 되도록 설정하니 업무에 집중을 하느라 배고픔을 상대적으로 덜 느꼈고, 일하는 동안 신체가 체지방을 태우고 연료로 사용하는 것으로 추측할 수 있었다. 오전 7시부터 점심 식사를 하는 12시까지 체지방을 연소하는 환경을 만들어서 체중을 빠르게 수월히 감량할 수 있었다.

가끔씩 저녁 식사를 30분~1시간 늦게 하기도 했다. 20시 전에만 한다면 16시간의 공복시간을 가질 수 있고 2~4시간의 지방 연소 시간을 갖게 된다. 그러니 저녁 식사를 다른 날보다 늦게 하더라도 스트레스를 받지 않고 맘 편히 식사를 할 수 있었다.

가끔은 정한 규칙을 지키지 못하더라도 스트레스를 받지 않았다. 밤 12시에 야식을 먹더라도 다음날 12시가 지나서 당질을 제한한 점심을 먹음으로써 평소보다 효과는 덜하지만, 지방이 연소될 수 있는 조건과 시간을 확보할 수 있었다. 어젯밤에 야식을 먹었다면 점심을 12시보다 2~3시간 늦게 먹는 게 좋을 것이다. 만약 2~3시간을 늦게 먹을 수 있는 상황이 안 되면 평소보다 1시간만 늦게 먹었다. 지방 연소 시간이 길면 길수록 좋지만 원하는 만큼 갖기 힘들다면, 1~3시간만이라도 갖는 게 낫다. 하루 3끼를 다 먹고 야식까지 먹는 식습관을 가지고 있다면 지방 연소 시간을 가질 수 없다.

수면효과 – 당일차 = 100g이면 어제 아침보다 줄어든 체중이 100g이다. 30일이면 3㎏을 감량할 수 있다. 운동을 하거나, 굶는 것처럼 크게 힘들이지 않았는데도 체중이 줄어든다면 고맙고 좋은 일이라고 생각하자.

◇ 야식을 먹는 것은 정말 나쁠까?

1주에 한 번 정도 과식, 폭식하는 것은 자연스러운 식사법이라고 말하고 싶다. 인간이 수렵이나 채집 생활을 하는 동안 식사시간은 일정치 않았다. 사냥과 채집에 성공할 때 식사를 할 수 있는 기회였다. 사냥, 채집의 성공률이 100%가 아니기에 사냥, 채집을 해서 음식을 섭취할 기회는 변동적이고 많지 않았을 것이다. 성공했을 때는 한 번에 많이, 폭식을 했을 것이다. 먹을 수 있을 때 많이 먹고, 한동안 먹지 않는 방식이 인류에게 익숙한 식사 방법이 아닐까? 그렇다면 폭식이 우리 신체에 나쁜 식사법이 아닐 수도 있다.

야식 역시 나쁜 식사법이 아닐 수 있다. 다만, 그전에는 사냥에 성공하지 못했기에 자연스럽게 공복시간을 가졌을 것이다. 채집으로 구할 수 있는 과일 등 당질이 포함된 식량은 이미 먹어치워 버렸을 것이고 사냥에 성공하기 전에는 먹을 것이 없었을 것이다.

그렇기에 아침, 점심, 저녁 3끼를 다 먹은 게 아니라면, 점심을 먹고 저녁을 건너뛰었다면 야식(단백질 위주)을 먹는 것이 나쁜 것만은 아닐 수 있다. 여러 번 실험에서 저녁을 건너뛰고 야식을 먹어보았다. 12~1시에 점심 식사를 하고 10~11시간 정도의 짧은 공복시간을 가진 후 자정에 야식을 먹은 것이다. 먹은 양에 비해 체중이 많이 증가하지 않았다. 특히, 치킨,

족발, 보쌈 등 단백질 위주의 야식은 체중이 늘지 않았다. 아무리 출출해도 야식으로 라면은 먹지 않았다. 야식을 즐길 때에는 가급적 당질을 제한했다.

즐기는 방법을 살짝 바꾸자, 야식도 건강하게 살찌지 않으면서 즐길 수 있다.

◇ 식사량

식사량은 평소보다 적게 줄이는 것이 체중 감량에 효과적이다. 학습을 하면서 '장기적인 칼로리 제한이 영양학적으로 입증된 유일한 체중 감량법'이라는 내용을 접했다. 결국 섭취하는 음식물의 양, 식사량을 줄여야 했다.

코끼리는 보통 체중이 5~7톤에 이른다. 풀과 식물을 하루에 150~200㎏씩 먹는다. 겨우 풀과 식물이지만, 150~200㎏이나 먹으니 최소 5톤이나 되는 그 체격을 유지할 수 있는 것이다. 꾸준히 많이 먹으면 건장한 체격을 유지할 수 있다. 그렇기에 체중 감량을 위해선 섭취량을 절대적으로 줄여야 했다.

그런데 어떻게 줄였을까? 보통은 내가 얼마나 먹는지 정확히 모른다. 지금까지 정확히 양을 측정해서 먹지 않았기 때문에 과식을 하는 경향이 많았다. 내가 얼마나 먹는지 기록하고, 정량 그리고 정해진 횟수만 먹기로 계획한다. 그러기 위해 다음과 같이 계획했다.

식사 간 간식/음식 섭취 금지

음식을 많이 먹었던 이유는 일단 자주, 계속, 꾸준히 먹었기 때문이다. 식사 간에 간식을 먹고 음료를 자주 마셨다. 업무를 하면서 오전에 한 번, 그리고 오후에 한 번씩 음료나 간식을 먹었다. 특히, 식품회사에 재직했기에 신제품 평가, 경쟁사 제품 시식 등 업무적인 목적과 이유로 시식, 테스트를 하는 경우가 많았다. 그런 날에는 시식이 아니라 식사를 했다고 표현할 정도로 많이 먹었다. 많은 양을 섭취하는 것보다 꾸준히 먹기 때문에 지방 연소시간을 갖지 못했던 것이 제일 큰 문제였다. 그래서 간식이나 시식을 줄이기로 했다.

정량만 먹기

마음껏 먹을 수 있는 뷔페식이나, 추가로 더 먹을 수 있는 곳, 특히 친절하고 서비스를 잘 하는 곳에서의 식사는 과식으로 이어지기 일쑤다.

재직하던 회사의 지하 1층에는 빕스가 있었다. 점심때마다 그룹 임직원 할인을 통해 저렴하게 식사할 수 있었다. 샐러드바에 가면 평소보다 훨씬 많이 먹었다. 다양한 메뉴를 마음껏 고를 수 있기 때문에 많이 먹을 가능성이 컸다. 빕스에서 치킨, 피자, 쌀국수 등의 음식을 접시에 가득 담아서 배부른 것을 넘어 지칠 정도로 먹었다. 그런 일들이 나를 90㎏ 이상, 고도비만의 길로 이끌어 줬다. 그래서 뷔페식 음식점을 피하고, 정해진 양만 먹을 수 있는 곳에서 식사하기로 계획하고 식습관을 개선하기 시작했다.

정량만 먹는 방법으로 도시락 형태의 식사를 추천한다. 정해진 양만큼 용기에 담아서 제공하는 곳이 좋다. 회사의 1층에 뚜레쥬르, 투썸플레이스가 있었다. 여러 종류의 브런치 메뉴를 많이 개발하여 판매하고 있었다. 그중 뚜레쥬르에는 단백질 비중이 높고, 야채, 과일이 포함된, 그리고 당질의 함량이 낮은 브런치 메뉴를 다양하게 판매하고 있었다.

매일 메뉴를 바꿔가면서 브런치 메뉴를 먹으면서 섭취량 제한과 당질 제한을 동시에 하기로 계획했다. 1개월 치를 미리 선 결제하면 10% 추가 할인 혜택을 얻을 수 있었다. 그래서 바로 1개월 치를 선 결제하여 강제로 먹을 수밖에 없는 환경을 만들었다. 섭취량을 고정시킨 것이다. 각자 섭취할 수 있는 양은 다르다. 평소에 섭취하는 양과 당일차를 확인하여 섭취량을 결정하는 것이 좋다. 먹고 나서 2~3시간 후에 공복감을 느끼는 양이면 체중 감량에 도움이 된다.

과식을 1주일에 한 번 허용하기

폭식을 할 수도 있다. 경우에 따라 음식을 많이 먹을 기회가 생길 수도 있다. 하지만 과식을 자주 한다면, 체중이 증가할 수밖에 없다. 체중 감량의 제1원칙은 칼로리 제한이다. 음식 섭취량을 제한하고, 줄여야 한다. 체중을 유지하거나 감량하기 위해선 최소한 '수면효과 = 당일차' 수준에서 제한하여 관리해야만 한다.

그렇다고 과식, 먹는 즐거움을 무조건 제한했던 것은 아니다. 일주일에 1번 정도까지는 맘껏 즐겼다. 그럼에도 체중이 늘지 않았다. 오히려 줄어들기도 했다. 과식을 가끔 한 번씩 허용하고 주 1회, 2주에 1회 정도로 횟수, 빈도를 관리하는 편이 체중 관리에 효과적이었다.

수면효과 = 당일차에서 수면효과가 커지는 날에는 당일차가 커져도 된다. 그래서 충분히 수면을 취할 수 있는 금요일 밤에 야식을 즐겼다. 꾸준히 많이 먹는 것보다 한 번씩 과식을 하고, 그 이후에 한동안 단식이나 섭취량 제한을 하는 방식이 체중 관리에 도움이 된다.

◇ 식단

식단은 간헐적 단식과 당질 제한을 시도하면서 체지방을 줄일 수 있는 조건에 맞춰 메뉴를 선택했다.

• 점심 식단

점심에는 다양한 메뉴를 시도했다. 다만, 효과적으로 체중을 감량하기 위해선 지방 분해와 연소가 매일 꾸준히 일어나도록 만드는 것이 좋다고 느꼈다. 비슷한 메뉴를 먹는 것이 체중 관리에 도움이 되었다.

평일과 주말의 생활 패턴이 다르기에 메뉴 역시 다르게 시도했다. 평일과 주말을 구분하여 평일에는 몇 가지 메뉴를 정하여 주기를 정해놓고 메뉴를 돌려가며 먹고 주말에는 선호하는 메뉴를 시도했다. 1주일치 식단을 규칙적으로 반복했다. 좋아하면서 체중 감량에 도움이 되는 메뉴를 지속적으로 찾았다.

균형 잡힌 식사를 하기 위해선 당질과 단백질이 골고루 섞인 식단이 좋은데, 그런 메뉴로 택한 것이 햄버거였다. 그래서 평일 점심에는 주로 햄버거를 선호하고 즐겼다. 햄버거는 단백질(패티) +당질(빵, 감자튀김) + 지방(기름) + 야채(양상추/토마토) 등의 영양소가 골고루 들어가 있는 건강한 메뉴이다. 빨리 준비되어 나오고 먹기에 편했다. 대신 음료는 커피로 바꾸어 당질을 제한했다. 이외에 햄버거 스테이크, 돈가스 정식도 건강한 메뉴이고 먹기에 편한 점도 유사했다.

저자가 선호하는 메뉴 : #셰프의점심

햄버거, 돈가스, 브런치 메뉴(새우/닭/소고기 + 샐러드), 생선구이, 쌀국수, 회덮밥, 햄버거 스테이크 등

• **저녁 식단**

저녁에는 당질 제한이 필수였다. 수면 중에는 뇌와 근육이 활동을 거의 하지 않으므로 신체가 포도당을 에너지원으로 거의 사용하지 않는다. 포도당을 분해, 소진하는 것이 어렵기에 저녁 식사에서는 당질 섭취를 제한하는 것이 좋다. 저녁 식사는 단백질 위주로 메뉴를 택했다. 즐길 수 있으면서 당일차도 크게 늘리지 않는 음식을 많이 찾으려고 노력했다. 더 중요한 건 적당량만 먹는 것이다.

저자가 선호하는 메뉴 : #셰프의저녁

주로 단백질류. 고기구이(돼지, 소), 족발, 치킨, 오리고기, 회 또는 해산물, 치즈 등

• **야식 식단**

월 1회 ~ 주 1회 정도, 가끔씩은 먹어주는 것이 정신 건강에 좋았다. 나는 자정에 치킨을 먹는 것을 선호하였다. 그 시간에 주문하면 배달이 빨리 오고 느긋하게 야식을 즐길 수 있었다. 다만, 야식을 먹고 2시간 정도 있다가 수면에 들어갔다.

저자가 선호하는 메뉴 : #셰프야식

고기구이, 족발, 곱창, 돼지껍데기, 순대, 치킨, 회, 감자튀김 등 야식도 단백질 위주로 선택하는 것이 좋다.

• 간식 식단

공복을 견디기 힘들 때 적당량만 먹었다. 체중 감량 중에도 가끔 한 번씩 먹었다. 중요한 건 당질은 점심 식사와 저녁 식사 사이에만 간식으로 먹었다. 빵류(당질류)는 저녁, 야식 메뉴로는 가급적 먹지 않는 것이 체중관리와 지방 분해 활동에 도움이 되었다. 점심과 저녁 사이의 간식으로는 괜찮았다.

저자가 선호하는 메뉴 : #셰프간식

아이스 아메리카노, 삶은 계란, 빵, 케이크, 견과류(땅콩, 아몬드) 등

음주 계획 : 미리 계획을 세워서 양과 빈도를 관리했다

음주 빈도를 설정했다. 음주를 할 경우 당일차가 크게 늘어났다. 음주는 살이 찔 가능성이 높은 활동이다. 보통 1차에 고기, 단백질류를 먹고 2차에 치킨이나 호프에 가고 3차에 다시 가볍게 맥주를 한잔 하다보면 당일차가 2~3㎏이 증가하는 건 예삿일이다.

나의 경우, 음주로 인해 불어난 체중이 다시 돌아오는 데 3일이 걸린다. 주 2회 음주를 하면 에너지 소비가 큰 신체 활동이나 운동을 하지 않고서는 체중을 줄이기 어렵다. 체중을 감량하기 위해서는 체지방이 분해되는 시간을 만들고 확보해야 했다. 그런데 주 2회 음주를 했더니 기존의 체지방을 분해할 수 있는 시간이 없어져 버렸다. 음주로 인한 알콜을 분해하느라 지방분해속도가 떨어졌다. 새로 늘어난 지방도 분해하고, 체중을 줄여야 하니 기존의 체지방은 분해되지 않았던 것이다. 그러니 격렬한 운동을 하지 않고 수월히 체중을 감량하기 위해서는, 음주를 주 1회 정도만 즐기는 것이 적당하다.

음주는 주 1회에서 최대 2회 정도로 횟수를 설정하고 빈도를 관리했다. 어제 마시고 오늘 또 마시면 늘어난 체중이 돌아오는데 3일보다 훨씬 더 걸린다. 결국 체중 감량은 점점 멀어지게 된다. 나에게 음주는 즐겁고 행복한 활동이기 때문에 절대 안 할 수 없었다. 그렇기에 음주습관을 점검하고, 평가한 뒤

주 1회라는 기준을 만들어 관리하기 시작했다. 가급적 당실이 많은 맥주보다 희석주인 소주나 증류주인 양주를 택하는 것이 조금이나마 체중 관리에 도움이 됐다.

활동 계획 : 활동량을 계획하고 관리하자

지속적으로 체중을 평가한 결과 활동량이 많은 날, 많이 움직인 날에는 당일차가 적거나 0이하였다. 밤에 체중을 측정하면 아침보다 확 줄어있었다. 활동이 많았기에 에너지 소비가 많고, 지방 연소도 일어나서 체중이 줄어들었던 것이다. 효과적인 체중 감량을 위해서는 활동 계획을 세우고, 활동량에 따라 체력 소모가 평소보다 클 경우 당질 보충 및 영양 보충을 해주어야 했다.

미리 계획을 세워서 활동하는 것은 매우 중요했다. 그래서 숙면 계획, 식사 계획, 음주 계획, 활동 계획을 연동해서 관리했다. 달력에 모든 계획을 기록했다. 계획을 세우고 관리하니 특별한 운동 없이 체중이 줄었다.

보상 역시 계획하자

야식과 과식을 계획적으로 하고, 이를 보상으로 활용하면 좋다. 무조건 막는 것보다 한 번 씩 허용하면서 이를 보상으로 활용하면, 평소에 식욕을 관리하고 식사 계획을 지키는 것이

연도	일자	월초 몸무게	당월차	누계감량	비고
2017년	1월	측정, 기록 데이터 없음.			
	2월				
	3월				
	4월	93.0	3.1	3.1	측정 습관-노력
	5월	89.9	7.5	10.6	기록 습관 - 들임
	6월	82.4	3.7	14.3	평가 습관 - 들임
	7월	78.7	1.0	15.3	지속 평가 / 관리
	8월	77.7	1.4	16.7	지속 평가 / 관리
	9월	76.3	-2.3	14.4	업무 과다
	10월	78.6	- 2.0	12.4	업무 과다
	11월	80.6	0.2	12.6	지속 평가 / 관리
	12월	80.4	0.8	13.4	지속 평가 / 관리
2018년	1월	79.6	2.7	16.1	활동 증가
	2월	76.9	-0.5	15.6	아침 몸무게만 측정
	3월	77.4	0.8	16.4	아침 몸무게만 측정
	4월	76.6	1.2	15.2	아침 몸무게만 측정
	5월	77.8	-1.4	16.6	아침 몸무게만 측정
	6월	76.4	-1.4	15.2	아침 몸무게만 측정
	7월	77.8	4.1	19.3	자전거 운동, 체중 관리
	8월	73.7	2.3	21.6	체중 관리 실험
	9월	71.4	-0.9	20.7	체중 관리 실험
	10월	72.3	3.4	24.1	체중 관리 실험
	11월	68.9	2.6	26.7	체중 관리 실험
	12월	66.3			

2017년 ~ 2018년 체중 변화

수월해진다. 음주 역시 마찬가지이다. 계획을 세우면 음주를 피하거나 절제하게 된다.

잘 지키고 있다면 가끔 멋진 보상을 나에게 하는 것이다. 먼저 선물을 주는 것도 괜찮다. 다만 그 선물을 경험한 뒤에 식욕을 참고 견디는 일을 더 자주 해야 한다는 것을 잊지 않는다면 말이다.

다시 도전하다 - 1년 7개월간의 실험

2017년 6월 6주 동안 13㎏의 체중을 감량, 70㎏대의 체중을 갖고 나서 목표를 다시 세웠다. 다시 세운 목표는 20대 시절의 체중과 체격으로 돌아가는 일이었다. 그때로 돌아간다면 20대 시절의 열정이 다시 생길 것 같은 기대감이 들었고, 그 시절의 체력과 열정은 또 다른 꿈에 도전할 수 있는 원동력이 될 거라 믿었다.

그래서 2달 만에 90㎏에서 70㎏대로 체중을 감량한 1차 목표의 달성에 만족하지 않았다. 큰 목표를 이루기 위해 계속 도전했다. 그 과정은 처음에 13㎏을 감량했던 것에 비해 어려웠다. 초기에 감량한 체중은 최근 2년 동안 급격히 증가했던 살과 지방이라 비교적 쉽게 빠졌었던 것이다. 남아있는 살, 그중 대다수인 지방은 7년의 직장생활 동안 꾸준히 늘었기에 쉽게 빠지기 어려울 것이라 예상됐다.

그럼에도 1차 목표를 달성하는 동안 건강한 식습관을 들였다. 이 습관을 활용하면 20대 시절의 체중으로 돌아가는 2차 목표를 달성하는 것이 너무 어렵지만은 않을 것이라고 믿었다.

2017년 ~ 2018년 체중 변화

평가하는 습관의 결과 3

- 1년 7개월간의 실험 결과(2017.05~2018.11)

[당월차 분석 결과]

당월차 = 당월 1일 아침 몸무게 – 익월 1일 아침 몸무게

= 한 달간의 몸무게 변화

당월차 〈 0 ⇨ 체중 감소

당월차 = 0 ⇨ 체중 유지

당월차 〉0 ⇨ 체중 증가

연월	당월차	원인	측성, 기록	평가	딩일차> 수면효 과인 날	활동량
2017년4월	- 3.1㎏	체중을 측정, 기록하기 시작함. 체중이 관리되기 시작함.	○			5,270
2017년5월	- 7.5㎏	학습(문헌고찰), 실행(실험), 평가를 하기 시작함.	○	○	9	4,621
2017년6월	- 3.7㎏	평가 결과를 바탕으로 계획, 실행, 평가하는 습관을 들임. (PDS 습관화)	○	○	7	6,727
2018년1월	- 2.7㎏	활동량 증가, 규칙적인 수면, 간헐적 단식으로 체중 감량함. (아침에 당질 섭취함)	○	○	13	8,851
2018년7월	- 4.1㎏	자전거 운동 시작, 왕성한 활동, 간헐적 단식&당질 제한으로 체중 감량 함.	○	○	9	13,511
2018년10월	- 3.4㎏	규칙적인 생활을 하며 간헐적 단식, 햄점남 시작(규칙적인 식사 + 적정한 칼로리/단백질 보충)	○	○	12	8,353
2018년11월	- 2.6㎏	아철남(아침 철봉 운동), 햄점남(점심 식사 햄버거)으로 규칙적인 생활 시작함, 음주 자제(가볍게 1~2잔씩 마심).	○	○	10	9,291

당월차가 마이너스(—) 인 달

▶ 당월차 〉0 인(체중 감소한) 달

① 체중이 감소한 달은 측정, 기록, 평가를 모두 했다. 당일차와 수면효과를 확인하여 당일차가 수면효과보다 커지지 않도록 관리하였고, 체중이 증가한 날(즉, 당일차가 수면효과보다 큰 날)의 횟수보다는 주기를 관리했다.

즉, 음주를 연속으로 하기보다 띄엄띄엄 기간을 두고 했다. 간헐적 단식을 하여 전날에 과식, 음주로 인해 증가한 체중이 체지방으로 전환되어 쌓이는 것을 막고 다시 과식, 음주 전의 체중으로 돌려놓았다.

② 2018년 1월의 경우 활동량이 월등히 증가하여 체지방이 쌓일 틈도 없이 태워서 연료로 썼을 것으로 추측할 수 있었다. 그러니 체중이 감소할 수밖에 없었을 것이다.

③ 결국, 매일 동일한 시간에 기상 및 식사를 하고, 동일한 활동을 하도록 계획하여 규칙적인 생활을 하면 체중 감량, 관리에 도움이 된다. 규칙적인 생활을 하며 꾸준히 측정하고 기록한 달에는 체중이 줄어들거나 유지하기 수월했다.

④ 체중이 증가한 달은 대부분 측정, 기록을 평소보다 못했거나, 평가하지 않은 달이었다. 측정, 기록을 부실하게 하니 평가를 할 수 없고, 평가를 하지 않으니, 체중이 변화하는 이유를 정확히 확인할 수 없었다. 그러니 체중 관리가 되지 않았고, 증가할 수밖에 없었다.

⑤ 2018년 6월, 9월의 경우 평가를 했지만, 대학원 행사와 모임이 늘어나면서 음주, 음식물 섭취량이 증가했다. 불규칙적인 생활을 하며 음주, 과식을 자주 했다. 이로 인해 체지방이 분해되는 시간을 확보하기 어려웠을 것이다.

연월	당월차	원인	측정, 기록	평가	당일차> 수면효과인 날	활동량
2017년9월	2.3㎏	불규칙적으로 생활, 업무 증가로 인해 평가 관리 부실	○	X	12	7,301
2017년10월	2㎏	추석연휴, 워크숍 등 불규칙적인 생활, 관리 실패	○	X	11	5,172
2018년4월	1.2㎏	주말 과식, 월말 음주로 체중 증가, 밤에 측정 안 해서 당일차, 수면효과 판단 어려움	아침만	X	확인 불가	9,360
2018년6월	1.4㎏	회사퇴사, 대학원 행사, 모임 과다로 불규칙적인 생활, 식사시간&기상시간 불규칙	○	○	10	11,736
2018년9월	0.9㎏	대학원 행사, 추석연휴로 불규칙적인 생활, 연속으로 과식	○	○	9	10,037

당월차가 플러스(+) 인 달

그래서 체중이 증가한 것으로 추측할 수 있었다.

▶ 평가 결과

① 측정, 기록, 평가를 했을 경우 효과적으로 체중관리, 감량을 할 수 있었다.

② 이미 체중 감량에 한 번 성공했지만, 체중을 규칙적으로 측정하지 못했을 때에는 체중이 증가하기도 하였다. 하루에 1번만 측정, 기록을 하지 못했을 때에도 평가를 할 수 없었고 관리도 제대로 되지 않았다.

③ 꾸준히 측정, 기록, 평가를 하는 규칙적인 습관이 체중 관

리에서 도움이 되고, 중요한 부분임을 재확인했다.

평가하는 습관의 결과 4

- 2018년 11월 체중 변화 분석 예시

2018년 11월에는 그동안의 실험을 마무리하는 차원에서 다음의 가설을 검증하기 위한 실험을 하였다.

"습관을 활용하여 운동을 하지 않고도, 먹고 싶은 음식을 먹으면서도, 수월히 체중 감량을 할 수 있다."

결과는 성공이었다. 특별히 힘들게 운동하지 않고, 먹고 싶은 음식을 즐기면서도 체중 감량에 성공하였다. 거의 매일 햄버거를 먹었고, 야식으로 치킨도 자주 먹었다. 또, 음주도 여러 번 했으나, 월초에 비해 체중이 줄었다.

과식, 음주 가끔씩은 해도 된다

과식, 음주 후에 체지방이 쌓이는 것을 막는 방법은 다음과 같다.

11월 3일에 과식과 음주를 한꺼번에 했다. 하루에 3.6㎏의 당일차가 발생했다. 하루에 체중이 3.6㎏이나 늘어난 것이다. 음식을 많이 먹었고 3차까지 가는 음주를 했기 때문이다. 그러

2018년 11월 체중 데이터

일자	아침	밤	누계 감량	수면 효과	당일차
11월 10일	69.6	69.9	-0.7	-	0.3
11월 11일	68.4	69.1	0.5	1.5	0.7
11월 12일	67.7	68.6	1.2	1.4	0.9
11월 13일	67.6	68.2	1.3	1.0	0.6
11월 14일	67.3	68.7	1.6	0.9	1.4
11월 15일	67.8	69.6	1.1	0.9	1.8
11월 16일	67.6	69.5	1.3	2.0	1.9
11월 17일	68.4	69.2	0.5	1.1	0.8
11월 18일	68.5	69.7	0.4	0.7	1.2
11월 19일	69.3	68.6	-0.4	0.4	-0.7
11월 20일	68.1	68.7	0.8	0.5	0.6
11월 21일	68.1	68.5	0.8	0.6	0.4
11월 22일	67.4	66.9	1.5	1.1	-0.5
11월 23일	66.6	67.7	2.3	0.3	1.1
11월 24일	67.4	68.6	1.5	0.3	1.2
11월 25일	68.3	68.6	0.6	0.3	0.3
11월 26일	68.0	68.4	0.9	0.6	0.4
11월 27일	67.6	67.6	1.3	0.8	-
11월 28일	67.2	67.6	1.7	0.4	0.4
11월 29일	67.3	66.9	1.6	0.3	-0.4
11월 30일	66.6	67.1	2.3	0.3	0.5
계	-2.3	-2.7	2.3	0.8	0

식단	수면효과 원인	당일차 원인
점심_햄버거, 헌혈시 간식		
한식뷔페	휴식	
점심_햄버거, 저녁_떡볶이	휴식	
점심_누룽지닭백숙	휴식	
점심_칼국수, 저녁_치킨반마리		당질섭취(라면)
점심_호텔도시락, 저녁_치킨반마리		당질섭취(쿠키)
점심_냉면, 저녁_한식메뉴, 야식_맥주&감자튀김	휴식	당질섭취(냉면)
점심_한식메뉴, 저녁_피자	휴식	
점심_햄버거, 저녁_한우, 돼지고기, 회, 아이스크림		과식+음주
점심_햄버거, 저녁_치킨반마리		
점심_햄버거, 저녁_감자튀김		
점심_햄버거, 저녁_닭고기		
점심_햄버거, 저녁_닭고기	휴식	새벽에 부산 이동
점심_햄버거&치킨, 저녁_맥주&마른안주		당질섭취(오징어의 조미성분)
점심_햄버거, 저녁_치킨		음식물 섭취시간이 길었음(점심 햄버거, 새벽 3시 맥주)
점심_햄버거, 저녁_맥주&마른안주		
점심_햄버거, 저녁_치킨		
점심_햄버거, 저녁_치킨		
점심_햄버거, 저녁_치킨		
점심_햄버거, 저녁_감자튀김		
점심_햄버거, 저녁_치킨		

나 11월 4일부터 11월 8일까지(4일 동안) 17시간의 간헐적 단식(점심 식사 – 12시 이후, 저녁 식사 – 19시 이전, 하루 2끼 섭취)과 당질 제한(11월 5일, 11월 8일 – 섭취하지 않음, 11월 6~7일 – 당질 1일 1회 소량 섭취)을 혼용하여 11월 3일에 증가했던 체중을 모두 감량하고 돌려놓았다.

많이 먹었다면 식사 주기와 양 그리고 식단을 조절하고, 단식(먹는 것을 쉬는 것)을 하면 된다. 이는 지방을 쌓지 않고 태워서 사용하는 체질로 만들어 체중 증가를 막는 방법이다. 11월 9일 밤에 음주 후 체중이 증가했지만 11월 12일에는 다시 11월 9일의 체중으로 줄어들었다.

규칙적인 식사와 정해진 양만큼만 먹으면 좋은 이유

햄버거는 패스트푸드라는 선입견이 있지만 영양소가 골고루 들어가 있는 건강한 메뉴다. 칼로리가 높아 보일 수 있지만 정해진 양이 제공되기에 과식할 염려가 없어서 좋다. 만약 햄버거를 2~3개, 사이드를 추가한다면 이야기는 달라지지만, 세트 메뉴만 먹는다면 정해진 양만을 먹을 수 있는 좋은 식사라고 할 수 있다. 다만, 당질이 많이 들어간 탄산음료를 제한하면 말이다.

1. 규칙적인 생활이 중요하다

계획을 세워서 규칙적인 생활을 하자. 체중 측정, 기록, 평가를 규칙적으로 한 달에는 수면효과가 꾸준히 유지되고, 당일차도 줄이고 관리해서 체중을 효율적으로 감량할 수 있었다.

2. 빈도 조절이 필요하다

과식, 음주의 경우 가급적 연속으로 하지 말고, 주 1회 정도로 빈도를 관리하는 것이 좋다. 특히 야식을 먹고 싶을 때에는 저녁을 건너 뛰고, 단백질 위주의 메뉴를 야식으로 먹자. 주기, 빈도, 총량을 관리해야 한다. 꾸준히 많이 먹는데 체중이 늘지 않는 비법은 없다.

3. 음주 전후에는 간헐적 단식을 하자

특히, 음주 후에 간헐적 단식을 통해 섭취한 음식이 체지방으로 전환되는 것을 막고, 체중을 음주 이전의 상태로 돌려놓을 수 있다. 음주를 반복하게 되면 체중은 결국 증가하게 된다. 음주를 건강하게 즐길 수 있도록 관리하자.

4. 셰프의 습관과 PDS를 활용하여 원하는 목표 체중을 가질 수 있다

매일 체중을 측정하고, 달력에 기록하면서 평가하고 계획을 세우는 일을 습관적으로 하는 것이 좋다. 아침·밤으로 당일차, 수면효과를 비교하는 것이다. 그러면 체중이 증가 추세(당일차>수면효과)인지, 감소 추세인지, 유지하고 있는지 매일 빠르게 확인할 수 있다. 체중 증가 추세일 경우 빠르게 대처하여 체중을 감량할 수 있는 계획(수면효과 늘리기, 당일차 줄이기)을 세워서 체중 증가를 막을 수 있다.

구분	핵심습관	내용
핵심 습관	측정하는 습관	기초습관으로 데이터를 모으기 위해서는 측정과 기록은 필수이다. 습관적으로 측정하고, 기록하여야 한다.
	기록하는 습관	
	학습하는 습관	학습(문헌조사, 관찰, 실험)을 통해 정확한 이론을 배우면 실행/실험의 결과가 좋다. 좋은 성과를 얻을 수 있다.
계획 (Plan)	계획하는 습관	숙면 계획, 식사 계획, 음주 계획, 활동 계획을 세우고 과식, 음주의 빈도를 조절한다.
실행 (DO)	학습하는 습관	결국 생활이 실험이다. 행복(좋은 결과)이라는 결과를 얻을 수 있는 실험이라고 생각하고 목표와 계획을 세워나간다. 계획에 따라 꾸준히 실행한다. 체중 증가 추세(당일차 > 수면효과)일 때는 간헐적 단식 또는 당질 제한을 하여 음식물 섭취량을 제한/관리한다.
	인내하는 습관	
평가 (See)	점검/ 평가하는 습관	계획, 실행의 결과인 당일차, 수면효과를 매일 점검/평가하여 체중이 증가하는 것을 막고 유지, 관리함으로써 요요까지도 막을 수 있다.
	측정하는 습관	측정, 기록한 데이터를 평가하고, 평가 결과를 정리, 기록하여 가치 있는 정보로 만드는 일을 습관으로 들인다.
	기록하는 습관	

핵심습관과 PDS

부대찌개에 사리를 추가해 먹어도 살이 찌지 않는 방법

먹고 싶은 음식을 먹으면서도 체중을 감량,

유지할 수 있는 생활습관 = 건강한 식습관

건강한 식습관 만들기를 정리하면 다음과 같다.

건강한 식습관 만들기 습관 기획서

목표

큰 목표	원하는 체중(68㎏)과 몸매 갖기
작은 목표	체중 1㎏ 빼기
작은 계획	90㎏ 이상일 때 하루에 400g 빼기, 70㎏ 일 때 하루에 100g 빼기

습관 고리 형성

신호	아침에 일어난 직후 : 체중계에 오르기
밤에 자기 직전	체중계에 오르기, 측정 데이터 점검/평가하기
실행/반복행동	간헐적 단식 & 당질제한, 정해진 시간/정해진 양 먹기
점검	식단(먹는 음식), 시간대, 양 기록하기(인스타그램)
보상	목표 달성(체중 감량 성공)/원하는, 먹고 싶은 음식 먹기/먹고 싶은 음식 즐기면서 체중 감량하기

군것질을 하면 살이 찔까?

많이 들어본 이야기 아닌가? 군것질을 하면 살이 찐다. 나도 어머니께 많이 들었던 이야기이다. 이 이야기는 한편으로는 맞고 한편으로는 틀릴 수도 있다.

모든 군것질이 문제는 아니라고 본다. 필자도 가끔 점심, 저녁 사이의 군것질을 하곤 한다. 군것질을 가끔씩 하는 것은 괜찮지만, 식사와 식사 사이에 계속 군것질을 한다면 살이 찔 가능성이 높아진다. 간식이나 무언가를 먹어서 살이 찐다기보다는 지방이 분해되는 시간을 잃기 때문에 살이 찐다고 할 수 있다.

마지막 식사, 음식물 섭취를 하고 나서 최소 12시간이 지나야, 공복을 12시간 이상을 유지해야 우리 신체는 체지방을 분해하여 몸을 움직이는 주요 연료원으로 사용한다. 즉 공복을 12시간 유지하지 않는다면 축적된 체지방을 연료로 사용할 수 없다. 점심을 12시에 먹고 저녁을 7시에 먹는다고 생각해보자. 그런데 저녁 9~10시에 가볍게 간식을 먹을 경우 간식 섭취 후

12시간이 지난 다음날 오전 10~12시부터 점심을 먹을 때까지 체지방이 분해되고, 연료로 사용하기 시작한다.

만약 그 다음날 아침에 일어나서 8~9시 사이에 간식을 또 먹는다면, 하루 종일 체지방을 연료로 사용할 기회를 얻지 못한다. 체지방이 쌓이기만 하고 사용하지 않는다. 물론 신체활동을 왕성하게 한다면 체지방 분해가 일어날 수 있다. 그러나 신체활동이 적다면 살이 찌고, 체중이 증가할 가능성이 높다. 간식의 양이 많아서 식사와 비슷하다면 간식의 양, 즉 많이 먹는 것이 문제겠지만, 보통 간식을 먹음으로써 공복시간을 없애고, 지방 분해 시간을 빼앗아 간다는 점이 더 큰 문제라고 할 수 있다.

마지막 식사 후의 간식, 첫 식사 전의 간식은 가급적 삼가는 것이 좋다. 나 역시 낮에는 가끔씩 군것질을 한다. 다만, 저녁식사(마지막 식사) 이후에는 가급적 간식을 하지 않으려고 한다. 그런데 간혹 야식이 당기는 날이 있을 수도 있다. 그럴 때는 빈도 관리를 한다. 야식을 먹지 못해서 받는 스트레스가 너무 크다면 가끔은 먹어도 괜찮다. 야식을 먹을 계획이라면 저녁은 되도록이면 먹지 않도록 한다.

많은 양의 음식 - 한 번에 다 먹기 vs. 여러 번 나눠서 먹기

실제로 '한 끼에 햄버거 2개 먹기 vs. 점심·저녁에 햄버거 하나씩 먹기(하루 2번)' 실험을 해보았다. 두 가지 방법이지만 섭취하는 칼로리는 동일하다. 하지만 한 끼에 2개를 한 번에 먹는 것이 신체에 지방을 분해할 수 있는 시간을 벌어준다는 점에서 체중 관리에는 더 효과적이었다.

'#1끼2햄버거'를 검색하면 실제 2개씩 먹는 기록을 남겨두었다.

부대찌개에 사리를 추가해도 살이 찌지 않게 먹는 법

부대찌개는 대다수의 사람들이 좋아하는 메뉴이다. 부대찌개를 통해서 무엇what이 아니라 어떻게how의 관점에서 음식을 바라본다면 맛있는 음식을 즐기면서도 체중을 유지할 수 있는 방법이 많다는 것을 깨달았다.

보통 부대찌개를 먹을 때, 라면 사리를 기본으로 주기도 하고 추가를 하기도 한다. 라면과 당면을 넣어서 먹을 수 있는 메뉴이다. 왠지 부대찌개에 들어가는 라면은 더 맛있게 느껴진다. 스프도 없이 나오는 사리면인데, 부대찌개 육수와 어우러지면서 환상적인 맛을 낸다. 그래서 2~3명이서 먹다보면 어느 순간 사리를 추가하기도 한다. 그런데 어차피 많이 먹을 거라면, 라면사리 대신 햄사리나 차돌박이 등의 사리를 추가하는 것을 어떨까? 같은 부대찌개인데 당질인 라면사리 대신, 햄, 차돌박이를 추가하여 더 풍성하게 즐기는 것은 어떨까?

우리가 특정 음식을 자주 먹기 때문에 살이 찌는 경우도 있겠지만 그보다는 그 음식을 즐기는 방식, 즉 우리의 식습관 때문에 살이 찌는 습관일 경우가 많다.

살이 찌지 않는다고 고민하는 친구가 있었다. 밤 10시에 라면을 먹으라고 조언을 해줬다. 그런데 자신의 체질과 맞지 않다며 못 먹겠다고 했다. 다른 방법으로, 매 식사마다, 꾸준히 라면, 빵, 과자 등을 먹으라고, 군것질을 자주 하라고 제안해줬지만, 그 역시 하기 어렵다는 대답을 들었다. 살이 찌지 않도록 먹는 습관, 체질이 굳어져서 생활을 하고 있기에 바꾸는 게 어려운 것으로 보였다.

결국, 음식what 자체가 아니라 음식을 먹고 즐기는 방식, 식사 습관how이 체중에 미치는 영향이 큰 것은 아닐까?

자신을 돌아보자. 부대찌개 먹을 때, 나도 모르게 라면사리를 추가하고 있지 않은가? 이제는 라면사리 대신 햄사리를 추가하는 방법을 시도해보길 추천한다.

5장

핵심 습관을 들인 결과 II

:: 책읽는 즐거움, 햄점남/아철남, 글쓰기

습관보다 강한 것은 없다.

— 오비디우스

책 읽는 즐거움, 책 읽는 습관 만들기

30대가 되고 나서 얻은 가장 큰 성과는 책 읽는 습관을 들인 것이다. 습관을 통해서 얻은 첫 번째 성과는 체중 감량이었다. 이는 인생의 다른 목표들을 성취하기 위한 수단이었다. 체중이 100㎏에 육박했을 때는 업무와 가정일만으로도 지치고 피곤할 때가 많았다. 체중 감량 후 피로가 확 줄었다. 건강한 신체와 체력을 다시 찾을 수 있었다.

체중 감량하고 부쩍 좋아진 체력으로 책 읽는 습관 들이기에 도전하였다. 학습을 통해 목표를 달성하는 방법을 배울 수 있다. 학습의 방법 중에서 가장 손쉽고, 저렴하고, 또, 안전한 방법이 바로 문헌고찰, 책 읽기였다. 책 읽기를 습관으로 들이는 것은 내가 원하는 목표를 달성하는 데에 큰 도움이 될 것이다. 체중 감량 역시 책을 읽고 지방 분해 방법을 배웠기에 가능했다. 그 이후에 책 읽기에 더욱 관심을 갖게 되었다. 그전에는 책을 1년에 5권도 채 보지 않았었다. 규칙적으로 2~3개월에 한 권을 보는 게 아니라 가끔 책을 선물로 받거나, 직장에서 독서토론 등을 하게 되어 어쩔 수 없이 읽었던 경우가 대부분이었다. 지금 돌이켜보면 30대 초반의 그 시간이 너무도 아깝다. 그래서 지금 숙제하듯이 열심히 책을 읽고 있다.

책 읽는 습관을 들이기 위해 우선 목표를 세웠다.

책 읽는 즐거움, 책 읽는 습관 기획서

목표

큰 목표	1주일에 1권, 1년에 50권 읽기
작은 목표	출·퇴근 시 1페이지 이상씩 읽기
계획	항상 읽을 책이나 좋아하는 책을 가지고 다니기 지하철, 버스 등 대중교통 이용 시 책 읽기(스마트폰 금지)

습관 고리 형성

신호	대중교통 탑승 후 자리에 앉기
실행/반복행동	책 1페이지 읽기/환승하는 동안 스타벅스 사이렌 오더로 음료 주문하기
점검	책 1페이지 다 읽고 인증 사진 올리기
보상	쌓여가는 독서 기록 + 좋아하는 음료 + 스타벅스 플래너 교환 + 책 읽는 습관 형성

셰프의 습관 적용법

학습	책을 읽고 독서법 배우기 《1만권 독서법》(인나미 아쓰시), 《퀀텀 독서법》(김병완)
측정/기록	매일 지하철 환승 시 책 읽고 사진 찍기, 읽은 내용 정리하기
계획	월요일이 되면 새 책 읽기 주말에 읽을 도서 목록을 YES24 장바구니에 넣고 주문하기 (읽을 책을 미리, 꾸준히 사기)
점검	인스타 게시물 확인하기
평가	얼마나 걸렸나 확인하기/정리 내용 확인하기
인내	초기 : 지하철 이용 시 10분간 스마트폰 사용하지 않기, 한 문장 읽기, 1페이지만 읽기(10분도 길다) 중기 : 지하철 이용 시 스마트폰을 호주머니에서 꺼내지 않기)

빠른 보상으로 책 읽는 행동을 반복하도록 설계하다

2017년 11월, 본격적으로 책을 읽기로 마음을 먹고, 1년에 50권의 책을 읽는 것을 목표를 세웠다. 이때부터 항상 읽을 책을 들고 다니기 시작하였다. 책을 들고 다니면 여러 가지 장점이 있다. 처음에는 가능하면 다른 종류의 책을 2권 이상 들고 다니면 좋다.

첫째, 결국 읽게 된다. "책이 재미없다."라는 핑계를 대고 안 읽을 수 없다. 재미가 없으면 들고 다니는 책 중에서 다른 책을 보면 된다. 그리고 실제로 재미없는 책이거나 나에게 안 맞는 책이라면, 다음에는 재밌는 책을 찾아서 들고 다니게 된다.

내가 좋아하는 주제의 책이나, 시를 택해서 가볍게 읽는 것부터 시작하는 것이 좋다.

둘째, 책 읽는 즐거움을 준다. 스마트폰도 5분 이상 하다 보면 흥미가 떨어지고 재미가 없다. 그러나 책은 읽는 재미가 있다. 내가 원하는 정보를 얻을 수도 있고, 문학적인 감동을 느낄 수도 있다. 물론 스트레스 해소에도 도움이 된다.

다만, 여태까지 책을 잘 안 읽었던 경우에는 책 읽기의 유익함과 즐거움을 얻기 위해서는 일단 한 권의 책을 처음부터 마지막 장까지, 끝까지 읽어야 한다. 책을 한 권 다 읽는 성취감을 얻고 좋은 경험을 기억해두면 다음 책을 부담 없이 읽을 수 있다. 그래서 처음에는 두껍거나 생소한 주제의 책보다는 가벼운 주제의 에세이나 여행 관련 도서 등을 시도하는 것이 좋다. 또는 내가 알고 싶은 주제의 자기계발서를 보는 것도 좋을 것이다.

나도 초기에 책을 읽는 것이 어려웠다. 1페이지, 2페이지를 채 읽기도 전에 집중력이 사라져 버렸다. 어느 순간 스마트폰을 만지고 있는 나를 발견하고 했다. 워낙 책을 안 읽었는데, 하루아침에 달라질 리가 없었다. 그래서 작은 목표를 세웠다. 지하철을 타고 가면서 봉화산역에서 신당역까지 가는 20분 동안 딱 1~2페이지만 읽기를 목표로 하였다. 너무 쉬운 작은 목표이다. 처음에는 책을 읽다가 자꾸 딴 생각이 나서 되돌아보기를 반복했지만, 20분이면 2페이지는 충분히 읽을 수 있었다. 종점인 봉화산역에서 지하철을 탔기 때문에 늘 앉아서 갈 수 있었다. 그래서 가방에서 책을 꺼내서 보는 게 쉬웠다. 그리고 목표대로 2페이지 이상 읽고 나면 신당역에 도착하여 지하철에서 내리면서 사이렌 오더로 스타벅스 신당점에 내가 좋아하는 자바칩프라푸치노(통자바칩9)를 주문했다. 2페이지를 읽은 것에 대한 보상이었다. 스타벅스 매장에 도착하면 보통 5분 정도 후에 음료가 나오곤 했다. 도착 후 음료가 완성될 때까지, 책을 다시 열심히 읽었다. 곧 내가 좋아하는 음료가 나올 것을 알기에 기다리는 동안 기분 좋게 책을 읽을 수 있었다.

매일 아침마다 출근하는 길에 책 읽기를 반복하였다. 간혹 흥미진진한 내용이 나오면 기록도 해가면서 읽었다. 2017년 11월 중순에 시작했던 책 읽기는 연말까지 12권의 책을 읽는 성과로 이어졌다. 사실 아침 출근 시간에 책 읽는 행동의 목적은 그 시간에 1~2페이지, 아니 10페이지를 읽는 것이 아니었다. 페이지 수는 전혀 상관없었다.

가장 중요한 목적은 여가 시간에, 대중교통을 타고 갈 때에 "책을 읽을 수 있다"라는 사실을 스스로에게 알려주는 것이었다. 여가 시간, 자투리 시간에 할 수 있는 일의 목록에 책 읽기를 추가하는 것이 가장 큰 목적이었다. 시간이 날 때 가방에서 책을 꺼내서 읽는 행동을 하도록, 스마트폰 대신 책 읽기를 계획한 것이었다.

보통 매년 11월부터 스타벅스에서 선불카드로 음료를 구매하면 이프리퀀시를 받을 수 있다. 17장을 모으면 다이어리로 교환이 가능하다. 2017년 11월부터 12월 사이 아침마다 스타벅스에서 음료를 주문하고 책을 읽는 행동을 반복하였다. 반복하면서 받은 이프리퀀시를 모아 2권의 다이어리를 교환할 수 있었다. 다이어리를 받으면서 느낀 성취감은 책 읽는 행동을 더욱 긍정적인 행동으로 느끼도록 만들어주었다.

학습하는 습관으로 독서법(책읽는 방법)을 익히자

초기에 《1만권 독서법》과 《퀀텀독서법》, 《1년 만에 기억력 천재가 된 남자》 등의 책을 읽었다. 책을 잘 읽고 싶었고, 책 내용을 잘 기억하고 싶었기에 선택했던 책들이다.

독서법 관련 도서 3권을 읽고 나니 책을 빨리, 많이 읽는 것보다 단 한 권을 읽더라도 책에 나온 내용과 관련된 생각을 많이 해보는 것이 더 좋을 수 있다고 느꼈다. 그래서 책을 읽으면서도 책 내용을 계속 생각하고, 다 읽고 나서 내용을 다시 돌아보고, 정리하는 연습을 시작했다. 10권의 책을 읽은 뒤부터는 책을 다 읽고 나서 읽은 내용을 글로 써서 정리했다. 처음에 출근하면서 책을 읽는 행동부터, 다 읽은 책 내용을 정리하는 것까지 SNS, 주로 인스타그램을 적극 활용하였다.

매일 아침에 스타벅스에서 책을 읽고 나서 음료가 나올 때마다 사진을 찍어 포스팅함으로써 기록을 남겼다. 짧게나마 책의 핵심 내용을 정리해서 같이 올렸다. 인스타그램 게시물 확인을 통해 나의 책 읽는 습관을 측정할 수 있었다. 그리고 책을 올린 뒤 새로운 책을 올리는 시기를 확인하여 책 읽는 속도도 점검할 수 있었다. 어떤 책을 주로 읽고 있는지 역시 쉽게 알 수 있었다. 측정, 기록을 통해서 독서는 익숙해졌고, 책 읽는 실력도 늘어갔다. 당연하게도 읽은 책의 권수가 늘어날수록 책 읽는 속도도 빨라졌다.

의지를 이기는 환경의 힘

강제적인 환경을 만드는 것만큼 효과적인 동기부여는 없다. 비용이 들어가면 결국 노력을 하게 된다. 일단 책을 사자. 《최고의 변화는 어디서 시작되는가》에서 저자는 의지보다 환경을 만들어서 원하는 행동, 목표를 달성하도록 설계하는 방법을 제안한다.

내가 책 읽는 습관을 들였던 방법을 돌아보면 환경의 힘이 컸음을 인정할 수밖에 없었다. 습관을 들이는 동안 책 읽는 속도보다 책 사는 속도가 훨씬 빨랐다. 내가 읽었던 100권이 넘는 책 중 다수가 습관을 들이려고 노력했던 초창기에 사둔 것이었다.

2017년 여름에 책상을 다시 샀다. 대학교를 졸업하고 7년 만에 책상과 책장을 다시 산 것이다. 그리고 가을부터는 책을 사서 책장을 채우기 시작하였다. 많은 책이 꽂혀 있는 책장과 거기에 꽂혀 있는 책들이 내가 다 읽은 책이라면 매우 뿌듯할 것 같았다. 그래서 책을 사서 채우기 시작하였다.

하지만 높은 목표는 실패로 이어질 수 있다. 너무 많은 책을 사는 것은 추천하지 않는다.

딱 한 권의 책만 있는 것보다 여러 권의 책이 있고, 그중에서 원하는 책을 골라 읽을 수 있는 환경을 만들었다. 잠깐의 여유가 생길 때 스마트폰을 만지기보다는 1페이지라도 책을 읽게 되는 경우가 많았다. 환경은 의지를 이길 수 있게 도와준다. 여전히 외출할 때 책을 가지고 다닌다.

책 읽기 적응법 : 한 페이지든, 한 문장이든 한숨에 읽어라

보상을 설계하더라도 책을 읽는 것은 어려울 수 있다. 목표를 더 작게 세우고 도전하는 방법으로 어려움을 이겨내야 한다. 처음에는 '1주일에 한 권 읽기'의 목표보다는 '10분 동안 또는 5분 동안 1페이지 읽기'의 목표가 낫다. 한 페이지를 잘 읽는 법을 익히면 200페이지든 300페이지든 잘 읽을 수 있게 된다. 100g의 체중을 감량할 수 있는 방법을 체득한다면 결국 10*kg* 감량에 성공할 수 있는 것과 같은 이치다. 그래서 초기에 1페이지를 읽는 습관을 들여야 한다. 한 번에 한 페이지가 어렵다면, 한 문단, 한 문장, 한 줄 읽기부터 시작하면 된다.

읽다가 다음으로 넘어가지 못하고 계속 되돌아가는 문단을 만나는 경우도 있다. 내용이 이해되지 않거나, 문장이 어려워서 그 부분에서 넘어가지 못한다면, 너무 애쓰지 말고 그 문장은 그냥 놔두고 과감히 다음 문장으로 넘어가라. 내용을 100% 이해하지 못해도 계속 책을 읽을 수 있다. 다음 문단을 읽다 보면 책의 전체 흐름에서 이해하지 못하고 넘겼던 내용을 예상할 수 있다. 책을 다 읽고 난 후 되돌아보면서, 처음에 넘겼었던 그 부분을 다시 읽는 것도 책을 효과적으로 읽는 요령이다.

한 문단을 읽는 방법을 여러 번 반복하여 한 페이지를 읽어내고, 이를 다시 반복해서 한 권을 읽어내는 것, 다 읽고 나서 읽은 내용을 돌아보는 것, 놓친 내용을 다시 읽어보는 것 등이 내가 터득한 책 읽는 요령이다.

책 읽기를 한 번에 완벽하게 끝내겠다는 욕심만 버리면 한 숨에 한 줄, 한 문장, 한 문단, 한 페이지를 읽을 수 있다. 계속 반복해서 읽다 보면 어느새 실력이 쌓인다.

같은 일을 반복하면 숙련도가 높아진다 : 선택과 집중

① 햄버거 10인분 만들기 ② 햄버거 4인분, 파스타 3인분, 스테이크 3인분 만들기

어떤 게 햄버거를 잘 만드는 데 더 도움이 될까? 다시, 숫자에 10을 곱해보자.

① 햄버거 100인분 만들기 ② 햄버거 40인분, 파스타 30인분, 스테이크 30인분 만들기

멀티태스킹보다는 한 가지에 집중해서 실행하는 것이 나을 수도 있다. 한 가지를 계속 실행하다 보면 그 과정에서 더 잘할 수 있는 방법을 찾게 된다. 같은 일을 반복하면 1번, 2번, 3번, 반복 시도하는 과정에서 잘하는 방법을 익힐 수 있다. 반복하다 보면 기술을 쌓을 수 있고, 숙련도도 높아진다. 그 과정에서 시행착오를 겪기도 하지만 계속하다 보면 그 시행착오를 해결할 방법까지 찾을 가능성이 높다.

여러 가지 계획, 행동 중에 한 가지를 선택하고 집중한 뒤 반복함으로써 더 잘할 수 있는 방법을 찾을 수 있게 된다. 이는 결국 습관이 만들어지는 원리이자 습관의 가장 큰 장점이다. 동일한 작업을 반복하다 보면 숙련도가 높아지고 기술이 쌓인다. '셰프의 습관'은 바로 선택과 집중, 반복을 통한 기술 습득과 향상을 의미한다.

책 읽기에도 동일한 원리를 적용할 수 있다. 유사한 주제, 같은 작가의 책을 택해서 읽는 것이다. 다양한 책을 읽는 것은 다양한 생각을 접할 수 있기에 무조건 도움이 된다. 그런데 초기에는 유사한 주제, 같은 작가의 여러 책을 택해서 읽음으로써 책 읽기에 필요한 배경지식을 쌓아나가고, 책을 읽는 기술, 숙련도를 높여 나갈 수 있다.

실제로 같은 주제의 책을 여러 권 읽으면 도움이 되는 것을 경험했다. 습관을 익히는 과정에서 습관 관련 주제의 책을 여러 권 읽었다.

찰스 두히그의 《습관의 힘》, 《1등의 습관》, 로버트 마우어의 《아주 작은 반복의 힘》, 스티브 기즈의 《습관의 재발견》 등 습관 관련 책을 집중해서 읽기 시작했다. 같은 주제의 책을 계속 읽다 보니 습관에 대한 배경지식이 점점 쌓여갔다. 그러자 책 읽기가 점점 쉬워지는 경험을 할 수 있었다. 읽다 보니 이번 책에 나오는 용어가 전에 읽었던 책에서 익혀둔, 알고 있던 용어인 경우가 많았다. 그러다 보니 이해가 안 되어 문장이나 문단에서 읽다가 멈추는 일이 적었다. 당연히 책 읽는 속도가 빨라졌다. 책 읽기가 점점 더 유익해지고, 즐거운 활동이 되어갔다.

같은 작가의 책을 파고드는 것도 책 읽는 숙련도를 높이기에 좋았다. 2018년 여름에는 이나모리 가즈오 회장의 책을 집중해서 읽었다. 외식프랜차이즈MBA 전공이다 보니 경영에 관심이 많았다. 《왜 일하는가》, 《불타는 투혼》, 《왜 사업하는가》, 《인생을 바라보는 안목》, 《어떻게 의욕을 불태우는가》, 《카르마 경영》 등 이나모리 가즈오 회장 관련 책만 10권 가까이 읽었다. 읽다 보니 여러 권의 책에 묻어 나오는 저자의 철학을 엿볼 수 있었다. 인생철학, 경영철학과 거기에서 파생되어 나오는 사고방식과 태도가 여러 권의 책에 녹아져 있었다.

결국 이나모리 가즈오 회장은 인생철학과 경영철학을 세우고 투혼, 열의를 가지고 열심히 도전하여 인생과 사업 모두에서 성공을 이뤄냈던 것으로 독서 결과를 정리할 수 있었다.

1년에 책을 5권도 안 보던 내가 1주일에 최소 한 권씩 읽었고, 습관을 들인 후부터 1년 반 동안 100권을 읽었다. 하루에 1권을 봤던 날도 있다. 다만, 여운이 있는 독서를 위해 굳이 1일 1책을 선호하지는 않는다. 빨리 읽기, 많이 읽기가 중요한 것이 아니라 꾸준히 읽는 것이 더 중요하기 때문이다.

책 내용에 내 생각을 더하여 정리했고 이를 기록으로 남겼다. 책 읽는 즐거움(책 읽는 습관) 덕분에 아무리 바빠도 1주일에 한 권씩은 꾸준히, 규칙적으로 읽고 있다. 이제는 책을 사는 속도보다 읽는 속도가 빠르다.

습관의 결과물 - 독서량의 변화

#2017년윤티독서 #2018년윤티독서 #2019년윤티독서

운동하는 습관(아철남) & 건강한 식습관(햄점남)

과거 체중 감량을 하고 나면 뱃살을 비롯하여 여러 부위의 살들이 쳐지는 경우가 많았다. 체중 감량에는 성공하였으나, 피부가 탄력을 잃고 축 처졌다. 또, 체중 감량 후 근육도 같이 줄어들어서 무거운 물체를 들어 올리지 못하거나, 들어 올릴 때 허리가 아픈 경우도 종종 있었다. 이번에는 이 같은 부작용을 막기 위해서 허리의 근육과 복근을 키우기로 계획하였다.

살이 빠지면 힘이 약해진다, 무거운 걸 들면 허리가 아프다?

몇 번의 다이어트 경험에서 느꼈던 점이다. 살이 빠지면 무거운 것을 드는 게 버겁다. 지금 돌이켜보면 당연한 결과라고 생각한다. 지금까지의 다이어트는 체지방을 줄이는 것을 목표로 했던 것이 아니라 단순하게 몸무게를 줄였던 것이다. 몸무게를 줄이기 위해 무작정 단식을 하면서 근육 손실까지 일어났던 것이다. 체중이 줄어든 것 때문이 아니라 근육도 줄어들었기 때문에 체중 감량 후 같은 무게의 물건을 들어 올리면 "힘들다.", "버겁다."라고 느낀 것이다.

체중 감량을 할 때는 무작정 체중을 줄이는 것을 목표로 할 것이 아니라 체지방을 줄이는 것을 목표로 해야 하고, 자신의 체격에 맞는 적정 수준의 근육량을 유지할 수 있도록 체중 감량을 계획하고 실행해야 한다.

내가 시도했던 '아철남'은 체중 감량을 하면서 근육 손실을 막고, 근육을 늘리기 위해 만들었던 습관이다. 이전에는 체중 감량 후에 허리 통증을 자주 느꼈지만 이번에는 달랐다. 아철남의 결과는 대만족이다. 30*kg* 가까이 체중 감량을 했는데도, 허리가 아프다는 느낌을 받은 적이 없다.

학습하는 습관으로 근육을 만드는 방법을 익히자

간헐적 단식에 대한 새로운 시각을 담은《먹고 단식하고 먹어라》를 집필한 브래드 필론은 영양학 전문가이다. 피트니스와 근육 생성에 관해서도 조예가 깊고 지속적으로 연구를 하고 있다.

그가 말하는 근육의 발달 조건은 3가지였다. 바로 적정한 칼로리, 단백질 그리고 근육의 자극이었다. 이 세 가지를 충족하여 근육을 만들어서 체중 감량 후에 경험할 수 있는 허리 통증을 막고 싶었다.

우선 마지막 조건인 근육에 자극을 주기 위해 아철남이라는 습관을 만들기로 하였다. 아철남은 아침마다 철봉에 매달리는 남자를 줄인 표현이다. 근육에 자극을 주기 위해서, 매일 규칙적인 근력운동을 하기 위해서 계획했던 생활운동습관이다.

아철남(아침마다 철봉애 매달리는 남자) 습관 기획서

목표

큰 목표 축 늘어진 뱃살 없애기/좋은 체격을 갖기
근육 손실을 막고 근육의 탄력을 높이기(허리 통증 막기)

작은 목표 매일 근육에 자극 주기,
하루에 턱걸이 4개 하기(제일 처음에는 1개가 목표)

계획 아침에 집을 나설 때마다 턱걸이 4개하기
3분 이상 걸리지 않게 목표 관리하기

습관 고리 형성

신호 매일 아침, 동일한 시간에 아파트 놀이터를 지나가기

실행/반복 철봉에 매달리기(힘들 게 하는 것이 아니라 그냥 잡기), 턱걸이 4회

점검 턱걸이할 때 사진 찍고 끝나면 인증 사진 올리기

보상 성공으로 시작하는 아침, 허리 통증 전혀 없음. 복근라인 형성 & 균형 잡힌 체격, 아침 운동 후의 상쾌함

셰프의 습관 적용법

학습	먹고 단식하고 먹기
측정/기록	턱걸이 후에 V자 표시하고 사진 찍기
계획	아침마다 철봉에 매달리는 것을 계획한다. 턱걸이를 하는 것이 아니라, 더 작은 계획인 철봉에 매달리는 것을 계획한다.
점검	인스타 게시물 확인하기
평가	수영장, 목욕탕 가서 전신사진 찍어보기
인내	힘들지 않도록 계획했기에 참고 견딜 만한 어려움이 없었음

왜 아침마다 철봉에 매달렸을까?

근육 발달 조건의 3번째가 근육의 자극(근력운동)이다. 그런데 책을 읽고, 이론을 접하면서 근육에 자극을 주기 위해서 굳이 근력운동의 강도를 크게 높이지 않아도 될 것 같다는 생각이 들었다. 처음에는 매일 운동하는 습관을 들이는 것이 제일 중요하다고 생각했다. 그런데 처음부터 많은 양의 운동을 시도하거나 높은 목표를 잡고 시도한다면 좌절감을 느낄 것이 뻔하다.

목표를 아주 작게 낮췄다. 하루에 1개씩만 하는 것으로 말이다. 그런데 어떤 운동을 해야 할까? 장비가 크게 필요 없고 쉽게 할 수 있는 운동을 찾다가 집 앞 놀이터에서 손쉽게 할 수 있는 턱걸이를 생각해내었다. 철봉만 있으면 매달려서 할 수 있으니 말이다.

처음 목표는 턱걸이를 하는 것이 아니었다. 그냥 철봉에 매달리기였다. 목표를 아주 작게 잡았다. 2018년 10월 18일, 철봉에 매달리기/턱걸이를 1개 하기에 도전했다. 당연히 성공했다. 그리고 다음 날부터 매일 아침마다 철봉에 2번 매달리기(턱걸이 2개 하기)를 19일 동안 시도하였고 당연히 매일 성공했다. 그다음부터 하루에 4개씩 하는 것으로 목표를 올린 뒤 매일 꾸준히 하고 있다. 턱걸이를 처음 시작했을 때에는 철봉을 잡는 것도 어색하고 잘 하지 못했다.

매일 꾸준히 하다 보니 철봉을 잘 잡는 방법(편하게 잡는 방법, 운동효과가 큰 방법)을 발견하게 되었고, 턱걸이를 하는 것 자체에 적응할 수 있었다. 매일 집 앞의 놀이터에서 턱걸이를 하는 습관을 들이기 위해 노력했다. 아침마다 의도적으로 놀이터를 지나가며, 철봉을 했다. 그리고 그 과정을 사진으로 찍고 인스타그램에 올렸다. 턱걸이를 4번 했고, 총 5장의 사진을 찍었다. 턱걸이를 1회 할 때마다 1장씩, 그리고 마지막 한 장은 왼손으로 V 표시를 하고 오른손으로 철봉을 잡고 있는 사진을 한 장 찍었다. 인스타그램에 올리는 것 자체가 기록이자 점검하는 일이었다. 올리기 위해서라도, 기록을 남기기 위해서라도 턱걸이를 매일 할 수밖에 없었다. 그렇게 매일 시도하던 어느 날, 깜박하고 턱걸이를 하지 않고 놀이터를 지나쳐갔다. 그런데 뭔가 어색한 생각이 들었다. 그러다 다시 놀이터로 돌아가서 철봉을 잡았다. 어느새 턱걸이 하는 일이 습관으로 자리 잡은 것이다.

습관이 무섭다는 것을 느꼈다. 키친에서 햄버거 주문이 들어오면 몸이 저절로 햄버거 패티를 그릴에 올렸던 것과 동일한 경험이었다. 매일 하다 보니 몸이 알아서 스스로 움직이는 것이었다.

작은 습관인 아철남이 50번, 100번을 넘어 200번에 가까워져 가니 처음에는 체중 감량의 효과로 뱃살이 빠지면서 아주 살짝만 보였던 복근라인이 점점 또렷하게 보이기 시작했다. 매일 운동하며 사진을 올리고 점검하니 근육이 발달하였고, 복근라인이 진해져가는 모습을 사진으로 확인할 수 있었다. 운동의 효과가 예상보다 컸다. 따로 격렬한 운동을 한 게 아닌데 말이다. 그것도 하루에 고작 몇 분 밖에 안 걸리는 턱걸이만 했을 뿐이다.

햄점남(햄버거를 점심으로 선호하는 남자) 습관 기획서

목표

큰 목표 건강한/규칙적인 식사 습관 들이기(정시에 정량 먹기), 근육 만들기

작은 목표 매일 정해진 식사시간에 햄버거 세트 먹기(칼로리, 단백질 섭취)

계획 집, 대학교, 학원 근처 패스트푸드 매장에서 일정한 시간에 식사하기

습관 고리 형성

신호	매일 일정한 시간(13시 이후)
	실행/반복행동 - 햄버거 세트 먹기(일정한 시간, 균형 잡힌 영양소, 균일한 양 섭취)
점검	메뉴, 양, 식사 시간(식사 습관) 확인
보상	메뉴 결정 고민 해소(편안함), 체중(당일차/수면효과)를 관리하기 수월해짐. 근육 발달

셰프의 습관 적용법

학습	먹고 단식하고 먹기
측정/기록	햄버거 세트, 식사 사진 올리기(천천히 먹게 됨.)
계획	메뉴, 식사 계획을 하여 규칙적인 식사를 한다.
점검	인스타 게시물 확인하기
평가	체중, 체형 점검을 통한 햄버거의 영향 평가, 가설 검증
인내	탄산 먹지 않기, 군것질하지 않고 공복 참기

햄점남(햄버거를 점심으로 선호하는 남자)이란?

2018년 6월, 8년간 다니던 직장을 그만두고 책 읽기와 대학원 공부에 나의 시간을 투자하기 시작하였다. 공부를 하기 위해 동네에 있는 맥도날드에 갔다. 집에서 가까운 곳에 매장이 있고 공부하기에 쾌적한 환경이었다.

맥도날드라는 공간을 선호했다. 우선 24시간 동안 열려있다. 자정이 넘어도 편하게 갈 수 있고 공부, 글쓰기를 할 수 있었다. 또, 노트북 전원을 쉽게 연결할 수 있는 좌석에 조명의

밝기까지 글쓰기에 딱 알맞은 곳이었다. 와이파이는 비밀번호가 없기에 바로 접속 가능했다. 공부하고 글 쓰다가 출출하면 햄버거를 먹으며 식사를 금방 해결할 수 있었다. 그래서 식사하러 나갔다 오느라, 이동하느라 허비되는 시간을 확 줄일 수 있었다. 게다가 집중하기에도 좋았다.

그러던 어느 날, "햄버거를 자주 먹으면 살찌지 않아?"라는 지인의 질문에 과거 키친에서의 경험이 떠올랐다. 미국에서 조리사로 근무하며 직접 햄버거를 만들었고, 많이 먹었었다. 매일 햄버거를 최소 하나, 때로는 두 개씩이나 먹었었지만 그 당시 체중이 증가하지 않았었던 경험을 떠올렸다. 그래서 실험을 해보고 싶었다.

햄버거를 먹어서 살이 찌는 것이 아니라는 생각에 "무엇을 먹는지보다 어떻게 먹는지가 체중에 더 큰 영향을 미친다"라는 가설을 세우고 실험을 시작하였다. 그때부터 매일 점심(1시)에 햄버거를 먹기 시작했다. 꾸준히 체중을 측정하고 있었기에 계속 먹어보면서 체중이 늘어나는지, 정말 살이 찌는지 확인해 볼 수 있었다. 햄버거 메뉴가 다양하기에 버거 종류만 바꿔가면서 먹으면 다양하게 즐길 수 있었고, 꾸준히 먹을 수 있었다. 맥도날드의 경우, 빅맥, 상하이 치킨버거, 베이컨 토마토 디럭스 버거, 슈프림 쉬림프 버거 등 다양한 메뉴 중에서 매일 다른 버거를 골라 먹었다. 버거킹 역시 마찬가지였다.

최근 햄버거의 품질이 더 좋아지고 있다. 햄버거에 들어가는 패티용 고기와 야채의 품질 역시 과거에 비해 훨씬 좋아졌다.

햄버거를 먹기 시작한 이유는 3가지이다. 첫째, 메뉴 고민에서 벗어날 수 있었다. 큰 고민 없이 기본 메뉴나 행사 메뉴를 택해서 먹었다. 특히, 저렴한 맥도날드의 맥올데이와 버거킹의 올데이킹을 주로 이용하였다.

둘째, 점심 식단과 메뉴를 고정하여 실험의 변수를 통제할 수 있었다. 1년 반이 넘는 기간 동안 당일차와 수면효과를 이용하여 체중을 감량하고 관리하는 실험을 진행해오고 있었다. 실험(체중 감량)의 독립변수를 줄이기 위해 점심에 섭취하는 음식물의 종류를 제한하기로 했다. 그래서 점심에는 주로 햄버거만 먹기로 결정했다.

셋째, 햄버거로 칼로리와 단백질 보충을 할 수 있었다. 체지방을 줄이고 근육을 늘리기 위해서는 과다한 당질 섭취를 제한하고 적정한 칼로리, 단백질 섭취가 필수이기 때문이다. 과다한 당질 섭취를 제한하면 먹으면서도 지방 분해가 되는 체질을 만들 수 있다. 또, 근육을 발달시키기 위한 조건은 적정한 칼로리, 단백질 그리고 근육의 자극인데 햄버거를 통해 앞의 두 가지를 해결할 수 있었다. 2018년 8월부터 햄버거 세트를 거의 매일 점심으로 먹기 시작하였다. 다만, 콜라나 탄산은 가급적 먹지 않음으로써 과도한 당질 섭취를 제한하였다.

인스타그램에서 #햄점남을 검색하면 필자가 시도했던 햄버거 메뉴들을 볼 수 있다.

아철남(아침, 근육 자극) + 햄점남(점심, 적절한 단백질/칼로리 보충) = 복근 발달, 복근라인 형성

#햄점남을 통해 적정한 칼로리와 단백질을 보충해주었고, #아철남을 통해 근육에 꾸준히 자극을 해주니 시간이 지나면서 근육이 발달하여 복근라인이 생겼고, 점점 진해졌다.

햄버거를 먹으면 살찐다는 기존의 통념에 반하는 결과가 나왔다. "햄버거를 먹어도 살이 찌지 않을 수 있다.", "햄버거가 근육 발달에 도움을 주는 영양식이 될 수도 있다."라는 결론이 나왔다. 물론 #아철남을 통해 근육을 자극했던 영향이 컸다.

결국 햄점남(적정한 칼로리/단백질 섭취방법)과 아철남(근력 운동/근육에 자극 주기), 두 가지 습관의 조합은 10년 만에 나에게 다시 복근라인을 선물로 가져다주었다.

근육 발달 조건

1. 적정한 칼로리 ⇨ #햄점남 - 햄버거 800~1000㎉ 섭취
2. 적정한 단백질 ⇨ #햄점남 - 햄버거 패티(단백질) 섭취
3. 근육의 자극(근력운동) ⇨ #아철남 - 매일 근력운동하기

한 달 반 동안의 노력 ⇨ 복근라인을 만드는데 성공함.

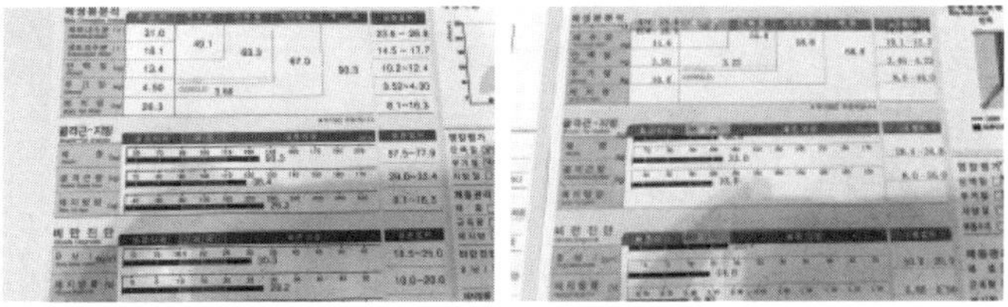

인바디 측정 결과

	2016년 9월 3일	2018년 12월 12일	차이
체중	93.3㎏	68.8㎏	-24.5㎏
체수분	49.1㎏	43.3㎏	-5.8㎏
체지방량	26.3㎏	10.0㎏	-16.3㎏
체지방률	28.2%	14.6%	-13.6%
복부지방률	0.96%	0.80%	-0.16%
단백질	13.4㎏	11.6㎏	-1.8㎏

인바디 측정 결과

감량한 체중(24.5㎏)의 대다수(22.1㎏)는 지방(16.3㎏)과 체수분(5.8㎏)이었다. 근육량에서도 1.8㎏의 손실이 있었지만, 감량한 체중 전체(24.5㎏)에서 차지하는 비율은 10%도 되지 않았다. 즉, 효율적으로 지방만 태워서 없앤 것이다. 체중 감량과 체지방 감소라는 목표를 무난히 달성하였다. 당연히 건강과 체력이 좋아졌다.

두 번째 목표인 근육 손실을 막고 근육 발달시키기 역시 달성하였다. 체지방을 줄이고, 근육 손실을 막고 근육에 자극을 줘서 근육을 발달시키는 것을 목표로 시도하였고 무난히 달성하였다.

그리고 20대에 입던 수영복을 다시 꺼내 입었다. 2년 전만 해도 불가능했던 일이 현실이 되었다. 20대에 여러 번 성공했지만 30대가 되어서는 계속 실패만 했던 다이어트에 성공했다.

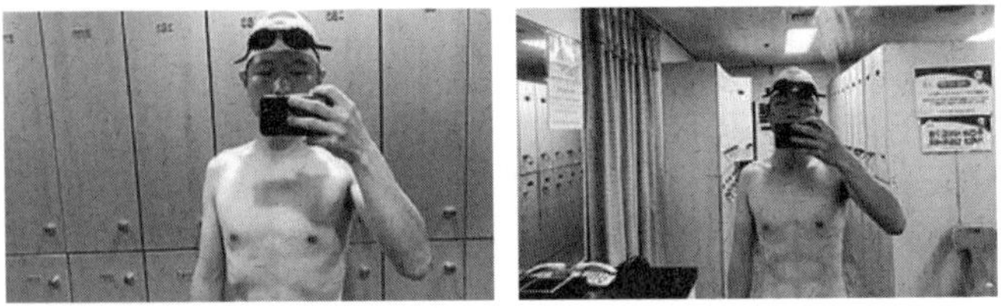

20대에 입던 수영복을 다시 꺼내 입다

글 쓰는 습관 - 책 쓰기

글쓰기 습관 기획서

목표

큰 목표 내 경험을 정리하여 책 쓰기(습관 관련 책 쓰기)
작은 목표 매일 1줄 쓰기, 3줄 쓰기, 1문단 쓰기, 1장 쓰기, 습관 관련 이론 조사(관련 책 5권 이상 읽기)
계획 맥도날드에서 하루에 3줄씩 글을 써보자. 안 되면 1줄이라도 쓰자. SNS에 글을 쓰는 연습부터 하자

습관 고리 형성

신호 매일 일정 시간에 포스팅하기
실행/반복행동 인스타그램 포스팅, 글쓰기
점검 인스타그램 게시물 점검
보상 쌓여가는 게시물, 늘어가는 원고 페이지 수

셰프의 습관 적용법

학습	필사, 문헌고찰
측정/기록	엑셀 시트에 꼭지 제목 리스트 만들고 관리하기
계획	매일 동일한 장소에 가서 동일한 시간에 자료조사(책 읽기), 글쓰기 하기
점검	내가 쓴 글 확인하기
평가	맞춤법 검사기 돌리기, 여러 번 읽기, 다시 쓰기
인내	글이 안 써지더라도 1장, 1문단, 3줄, 1줄 만이라도 쓰기

막연한 꿈, 2020년 전에 책 출간하기

2020년 이전에 책을 출간하는 것이 10년 전 나의 목표였다. 2010년에 전 회사에 입사할 무렵 세웠던 인생의 목표였다.

20대는 나에게 있어서 다양한 도전과 경험의 시간이었다. 국내와 해외의 다양한 곳에서 조리사로 근무하며 키친에서 다양한 사람들을 만났다. 여러 셰프들을 만났고 그들로부터 배우고 익힌 것들, 그리고 키친에서의 경험을 정리해서 기록으로 남기고 싶었다.

그런데 그건 목표라기보다는 막연한 꿈이었다. 책을 쓰고자 하였으나, 막막하였다.

"책을 어떻게 써야 하나?" 고민을 한참 할 시기인 2017년 여름, 1차 체중 감량에 성공하여 체력을 갖추고 있던 그 시기에 대학원 교수님께서 글쓰기 과정을 개설하였다. 한치의 망설임도 없이 바로 참여하기로 결정했다. 그때까지 막연하기만 했던 책 쓰기라는 꿈이 목표로 바뀌었다. 글쓰기 과정에 참여하면서 책을 쓰기 위해서는 다음 3가지가 꼭 필요하다는 걸 알게 되었다.

첫째, 책을 읽어야 한다. 책을 읽고 알아야 쓰지 않겠는가?
둘째, 글을 계속 써야 한다. 특히 다른 사람이 쓴 책을 필사해야 한다.
셋째, 책을 쓰기 위한 재료가 있어야 하고 레시피를 알아야 한다.

책을 쓰기 위한 조건

첫 번째 조건인 책 읽기는 책 읽는 습관을 만들어서 꾸준히 읽으면 해결될 거라고 생각하였다. 또, 글쓰기 과정에 참여하면서 필사를 할 기회를 가질 수 있었다. 빌 비숍이 쓴《핑크 펭귄》은 내가 제일 좋아하는 책이다. 일 년에 5권도 안 읽던 내가 책 읽기에 관심을 갖도록 만들어 준 책이기도 하다. 다 똑같은 펭귄들 사이에서 핑크 펭귄이 되라고 제안하는 책의 주제가 마음에 와닿았고, 옆에 두고 계속 보고 싶었다. 그래서 그 책을 필사해보았다. 하지만 필사를 한 번만 하고 책을 쓸 수 있다면 얼마나 좋을까? 그런 일은 불가능할 것이다. 꾸준히 글을 써야 한다.

그래서 인스타그램을 적극 활용하였다. 매일 적은 분량이라도 주제를 잡고 글을 쓰는 형식을 정하여 내 생각을 쓰고 그 형식에 맞추어 정리해서 올렸다. 시간이 지날수록 내 생각을 글로 표현하는 일이 익숙해져 갔다.

같은 일을 반복하면 숙련도가 올라가는 것을 키친에서, 그리고 습관을 만들면서 이미 여러 번 경험했다. 계속 글을 쓰면서 두 번째 조건도 갖출 수 있었다.

마지막 세 번째 조건은 재료와 레시피이다. 2018년 7월, 우연히 배민 아카데미(배달의 민족에서 운영하는 교육 시설)에서 진행하는 강의를 듣게 되었는데 개그맨 고명환 씨를 만날 수 있었다. 그때까지 개그맨으로만 알고 있던 그는 "메밀꽃이 피었습니다"라는 상호의 외식 매장을 운영하고 있는 CEO이자 작가였다. 이날 진행된 강의의 주제는 '연 매출 10억 원의 비결'이었는데, 그 비결은 책에 있었다. 그는 책을 보고 공부한 뒤 외식 매장을 만들어 운영하고 있는 이야기와 책을 잘 읽는 방법, 책을 출간했던 경험을 강의를 통해 생생하게 들을 수 있었다.

책을 쓰기 위해서는 A4용지로 100장 정도의 원고가 필요하다는 걸 알게 되었다. 또, 책은 그 책만의 콘셉트concept가 있어야 함을 느꼈다. 그날 고명환 작가로부터 직접 선물 받은《책 읽고 매출의 신이 되다》역시 '책이 시키는 대로 살아보기'라는 재밌는 콘셉트를 가지고 있었다.

이 강의를 듣고 나서 책을 쓰겠다는 결심이 구체화되기 시작하였다. 책을 쓰기 위한 재료는 '습관, 체중 감량, 책 읽기, 20

대 시절의 몸매 되찾기'로 정했다. 책을 쓰는 방법(레시피)을 익히기 위해《출판사 에디터가 알려주는 책쓰기 기술》이라는 책도 읽고 책쓰기 강의도 찾아서 들었다. 책쓰기에 필요한 실용적인 정보와 레시피를 알게 되었고, 결국 책을 쓰기 위해서 필요한 마지막 조건도 갖출 수 있었다.

공부하면서 글쓰기

2018년 8월, 드디어 책을 쓸 수 있는 조건을 모두 갖추었다는 생각이 들었다. 책 읽기 습관을 들였고, 습관을 통해 읽은 책이 50권을 넘겼다. 습관 관련 책도 여러 권 읽었다. 마지막으로 책의 콘셉트도 잡혔다. '습관 디자인을 통한 목표 달성', '핵심 습관을 활용한 수월하게 목표 달성하기'였다.

이제부터는 글을 쓰기만 하면 됐다. 먼저 차례부터 만들었다. '습관', '실행', '결과'로 장을 구성하였다. 많이 변경되긴 했지만, 처음 잡은 차례가 그대로 살아있다. 엑셀 시트에 대제목, 소제목 리스트를 만들어 다 쓴 꼭지 제목을 채우기 시작하였다. 꼭지는 소제목으로 A4용지로 2장~3장 분량의 작은 주제의 글이다. 꼭지를 쓸 때마다 엑셀 시트에 채우기 시작하였고, 쌓여가는 페이지 수를 체크하기 시작했다. 120페이지를 목표로 쓰기 시작했다. 과거의 경험을 되돌아보고 내용을 정리하고 써 내려갔다.

빨리 잘 쓰는 것이 아니라 꾸준히 쓰는 것을 목표로 글을 썼다. 회사에 출근하듯이 꾸준히 맥도날드에 가서 동일한 시간(아침 9시 30분)에 책을 읽기 시작하였고, 글쓰기를 했다. 매일 오후 3시가 되면 쓴 내용을 점검하고, 맞춤법 검사기를 돌렸다. 그리고 책을 읽다가 집으로 가서 저녁을 먹고 다시 맥도날드에 갔다. 그러고 나서 다시 글쓰기에 집중하였다. 자정에 다시 맞춤법 검사기를 돌리고 그날 쓴 글을 점검하였다.

어느 날은 2~3꼭지를 썼고, 어떤 날은 1페이지도 못 쓰기도 했다. 왜 그런지 돌이켜 보았다. 글을 쓰는 데에는 준비 시간이 필요했다. 한글 프로그램을 띄워놓는다고 해서 글이 저절로 써지는 것이 아니었다. 쓸 내용을 생각하고, 어떻게 쓸지 기획, 구상해야 했다. 글쓰기 준비가 되고 나서부터 주제를 잡고 실제로 글을 쓰는 데까지 평균 20~30분이 걸렸다. 글을 잘 썼던 날은 그 20~30분 동안 집중력이 흐트러지지 않고 꾸준히 한 줄이라도 쓸려고 노력했던 것이다. 그에 반해 글이 잘 써지지 않은 날은 집중력이 떨어졌고, 카카오톡을 하거나 스마트폰을 만지작거리다 시간만 보냈었다.

결국 꾸준히 글을 쓰기 위해서는 일정한 시간에 글을 쓰기 시작해야 하고, 글쓰기에 몰입해야 한다. 매일 정해진 시간에 글 쓸 준비를 했더니 몰입하여 글쓰기에 효과적이었다.

한 번에 3장을 쓰기는 힘들다. 그래서 3장을 쓰는 것이 아니라 일단 한 줄부터 쓰는 것을 목표로 하였다. 책 쓰기에도 목표 쪼개기를 활용했다. 1꼭지보다는 3줄을 목표로, 3줄보다는 1줄 쓰기를 목표로 글을 쓰기 시작하였다.

3줄을 쓰는 데에는 5분이면 충분했다. 5분 동안 집중해서 3줄을 쓰는 것은 어려운 일이 아니었다. 그 일을 계속 반복하였다. 그걸 반복하면 1꼭지가 완성되었다. 그 과정에서 필요한 내용은 책이나 논문을 읽으면서 찾았다. 한 꼭지가 완성되면 엑셀 시트에 채우기 시작하였다. 그러고 나서 포트폴리오를 사서 거기에 원고를 인쇄해서 채워 넣었다.

눈에 가시적으로 성과를 볼 수 있도록 만들었다. 포트폴리오가 채워지고, 차례가 늘어날수록 성취감이 느껴졌고, 그날 잡은 목표인 3줄 쓰기를 넘겼고, 더 쓰게 되었다.

처음에 2018년 11월 30일까지 완성하려고 했던 원고가 한 달 반이 더 걸려 2019년 1월 23일에 초고를 완성하였다. 완성했다는 사실에 나 자신도 놀랐다. 그리고 초고를 가지고 퇴고에 들어갔다. 읽고, 고치기를 반복하기를 여러 번, 3월 초에 드디어 퇴고까지 마무리하였다. 완성된 원고를 출판사에 메일로 투고하였다. 투고한 날, 출판사 몇 곳에서 연락이 왔다. 가장 먼저 연락을 주고 찾아온 출판사 대표를 버거킹에서 만나 출간 계약을 하였다. 그때부터 출판사와 기획회의를 거쳐 다시 책을 수정하고 마무리했다.

6장

삶의 질량을 높이는 실험
무작정 따라하기

성공은 밤낮없이 거듭되었던
작고도 작은 노력들이 한데 모인 것이다.

— 존 코맥넬

삶의 질량을 늘려주는 7가지 습관

1. 측정하는 습관을 들여라 : Measure

2. 기록하는 습관을 들여라 : Do

3. 학습하는 습관을 들여라 : Do

4. 인내하는 습관을 들여라 : Do

5. 계획하는 습관을 들여라 : Plan

6. 점검하는 습관을 들여라 : See

7. 평가하는 습관을 들여라 : Evlauate

<table>
<tr><th>구분</th><th>핵심습관</th><th>내용</th></tr>
<tr><td rowspan="3">핵심습관</td><td>측정하는 습관</td><td rowspan="2">기초습관으로 데이터를 모으기 위해서는 측정과 기록은 필수이다. 습관적으로 측정하고, 기록하자.</td></tr>
<tr><td>기록하는 습관</td></tr>
<tr><td>학습하는 습관</td><td>학습(문헌조사, 관찰, 실험)을 통해 정확한 이론을 배우면 실행/실험을 잘 할 수 있다. 좋은 성과를 얻을 수 있다.</td></tr>
<tr><td>계획Plan</td><td>계획하는 습관</td><td>목표를 작게 나누고 작은 목표를 달성하기 위한 계획을 세우자.</td></tr>
<tr><td rowspan="2">실행DO</td><td>학습하는 습관</td><td rowspan="2">결국 생활이 실험이다. 행복(좋은 결과)이라는 결과를 얻을 수 있는 실험이라고 생각하고 목표와 계획을 세워나간다.
계획에 따라 꾸준히 실행한다. 목표를 수행하면서 만나는 시행착오는 참고 견디며 계획을 꾸준히 실행해 나가야 한다.</td></tr>
<tr><td>인내하는 습관</td></tr>
<tr><td rowspan="3">평가See</td><td>점검/평가하는 습관</td><td>계획, 실행의 결과인 매일/매주/매달, 주기적으로 점검/평가하여 원하는 목표를 달성해나간다.</td></tr>
<tr><td>측정하는 습관</td><td rowspan="2">측정, 기록한 데이터를 평가하고, 평가 결과를 정리, 기록하여 가치 있는 정보로 만든다.</td></tr>
<tr><td>기록하는 습관</td></tr>
</table>

핵심습관과 PDS

목표를 설정하고 이를 달성하기 위한 방법을 학습하고, 계획을 세워 학습한 방법을 실행한다. 그 과정에서 발생하는 어려움을 참고 견디고, 또, 실행 결과를 측정하고, 평가하는 일을 반복하다 보면 목표를 달성할 수 있다. 그리고 그 과정과 결과를 기록으로 남긴다면 다른 누군가에게 도움이 되는 지식이나 지혜가 된다.

나 역시 목표 달성 경험을 삶의 지혜로 만들기 위해 1년 7개월간의 경험을 정리하였다. 이 책을 읽는 당신도 7가지 핵심습관을 목표 달성에 활용했으면 좋겠다.

우선 건강한 식습관을 만드는 것에 도전하길 추천한다. 건강한 신체와 체력은 다음 목표(책 읽기나 글쓰기 등)를 조금 더 수월하게 달성하도록 도와주기 때문이다.

당신의 햄점남과 아철남은 무엇인가?

햄점남은 햄버거를 먹어서, 어떤 음식을 먹어서 살찌는 것이 아니라는 사실을 말하고 싶어서 시작했다. 어떻게 먹느냐에 따라 살이 찌지 않을 수 있고, 체중을 조절할 수 있다는 이야기를 하고 싶었다. 실제 내가 그렇게 해왔기 때문에 햄버거를 먹는다고 살찌는 것이 아니라는 것을 말하고 싶었다.

그리고 햄점남에서 한 걸음 더 나아가서 근육을 만드는 일에도 도전했다. 바로 아철남이다. 여전히 하루에 4개씩만하고 있다. 턱걸이 4개는 아무리 힘들어도 할 수 있는 목표이다. 턱걸이를 성공적으로 마무리하여 얻는 성취감으로 매일 아침을 시작할 수 있기에 앞으로도 꾸준히 시도할 것이다.

나에게 햄점남, 아철남은 체중 관리, 복근 형성이라는 목표를 달성할 수 있게 도와준 작은 행동들이다. 작은 목표와 계획을 세우고 핵심습관을 이용해서 이를 매일 반복적으로 실행하고 점검했을 뿐이다. 그리고 원하는 목표인 건강한 신체 체력을 유지하고 있다.

"당신의 습관은 무엇인가요?"

이 책을 읽고 있는 당신의 햄점남 혹은 아철남은 무엇이 될지 벌써부터 궁금해지기 시작했다.

운동 없이 기록만하면 살도 빠지는
마법의 8일(7+1) 습관 가이드북

기록하면
살이 빠지는
마법의 달력

Sun	Mon	Tue

Wed	Thu	Fri	Sat
○ /	○ /	○ /	○ /
○ /	○ /	○ /	○ /
○ /	○ /	○ /	○ /
○ /	○ /	○ /	○ /
○ /	○ /	○ /	○ /
○ /	○ /	○ /	○ /
○ /	○ /	○ /	○ /

기록하면
살이 빠지는
마법의 달력

Sun	Mon	Tue

Wed	Thu	Fri	Sat

8일(7+1)
습관 만들기

일자	아침	밤	누계 감량	수면 효과	당일차

식단	수면효과 원인	당일차 원인

8일(7+1)
습관 만들기

일자	아침	밤	누계 감량	수면 효과	당일차

식단	수면효과 원인	당일차 원인

8일(7+1)
습관 만들기

일자	아침	밤	누계 감량	수면 효과	당일차

식단	수면효과 원인	당일차 원인

________________ 습관 기획서

목표

큰 목표

작은 목표

계획

습관 고리 형성

신호

실행/반복행동

점검

보상

셰프의 습관 적용법

학습

측정/기록

계획

점검

평가

인내

________________ 습관 기획서

목표

큰 목표

작은 목표

계획

습관 고리 형성

신호

실행/반복행동

점검

보상

셰프의 습관 적용법

학습

측정/기록

계획

점검

평가

인내

Epilogue

삶의 질량에서 살은 빼고 인생의 가치를 더하다

인생의 목표 중에서 체중 감량에 가장 먼저 도전했던 것은 행복한 삶의 질량을 늘리기 위한 수단으로 건강이 필수이기 때문이다. 98㎏의 뚱뚱함은 나를 피곤하게 했고 무기력하게 만들었다. 나를 힘들게 했던 살을 빼니 삶의 질이 달라졌다. 살은 빠졌지만 체력은 좋아졌고, 높아진 체력만큼 하루하루의 삶을 의미 있게 보낼 수 있었다.

2년 전만 해도 늘 지쳐서 무기력하기만 했던 30대 중반의 직장인이 이제는 공부하는 사람이 되어 매일매일 작지만 의미 있는 도전과 실험을 꾸준히 해나가며 작은 성공을 이뤄가고 있다.

모두 20대 시절, 뜨겁고 활기로 가득 찼던 키친이라는 공간에서 훌륭한 셰프를 관찰하고, 모방하면서 익혔던 습관을 다시 활용한 덕분이다. 목표를 아주 작게 나누었고, 목표를 달성하기 위한 행동을 습관으로 만들어 꾸준히 반복하여 실행했다. 그러는 사이 이전에는 실패하기만 했던 목표 달성을 더욱 수월히 이룰 수 있었다.

일상의 목표를 '성공과 실패'를 기준으로 나누고, 다시 '선호도'를 기준으로 가르면 위의 그래프를 그릴 수 있다. 습관을 가지고 실험을 하면서 1사분면과 4사분면에 있는 활동을 찾았다. 1사분면에 있는 활동 중에 하나가 '공부'였고, 거기에는 책 읽기 · 글쓰기 · 기획 · 디자인 · 논문 쓰기 등이 속했다. 사실, 책 읽기와 글쓰기는 4사분면에 가까운 활동이었지만, 목표를 쪼개어 1사분면에 속하도록 만들었다. 여기에 내 시간과 체력을 쏟아서 목표를 달성할 수 있었다.

앞으로도 1, 4사분면에 속하는 활동 찾기에 집중할 것이고,

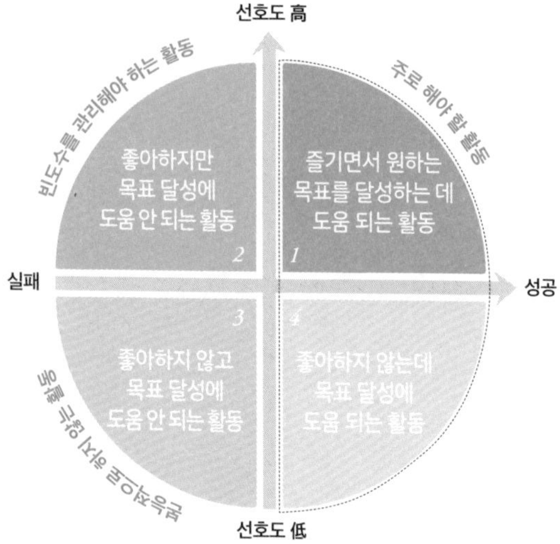

삶의 질량을 높이는 일상 그래프

이러한 활동이 1사분면에 속하도록, 이러한 활동을 더 많이 할 수 있도록 계획을 세우고 실행함으로써 인생의 목표들을 하나하나 달성하기 위해 집중하고 도전할 것이다.

이 책이 출간되면 '2020년까지 책 쓰기'라는 20대에 세웠던 인생의 목표를 달성하는 것이다. 직장을 다니며 받았던 성과급이나 상보다 훨씬 기쁘다. 결국, 목표를 이루어 현실로 만들었기 때문이다.

지금 준비하고 있는 새로운 실험은 외식 프랜차이즈 MBA 과정을 무사히 마치면 외식/식품 비즈니스 저널을 온라인으로 발간하고 정기적으로 발행하여 관련 지식과 인사이트를 공유하려고 한다. 이를 위해 셰프의 7가지 습관을 활용하고 있다.

실험을 하는 동안 많은 분의 가르침과 조언, 그리고 도움을 받았다. 가족과 인생의 멘토, 멘티들이 나를 믿어 준 것에 정말 감사하다는 말을 전한다.

앞으로도 삶의 질량을 늘리는 실험은 계속할 것이고, 공부를 멈추지 않을 것이다.

마인드빌딩의 한마디

이제 나도 나를 실험합니다!

마인드빌딩이 출범하고 1년 반이 지나가고 있다. 그 사이 일곱 권의 책을 펴냈고 《일단 나부터 실험할게요》가 여덟 번째 책이다. 투고원고를 계약해서 출판한 것으로는 첫 책이다.

올해 초 순수한 열정을 지닌 한 청년이 셰프의 7가지 습관으로 30㎏의 살을 뺀 이야기를 정리해 투고한 것을 보았다. 오랫동안 글을 쓴 저자들처럼 글에서 기교라던가 문체의 화려함은 없었지만, 윤태훈 저자만의 솔직하고 열정 가득한 이야기에 흠뻑 매료되었다.

마감으로 인해 첫 저자미팅은 대표님만 했는데, 그를 만나고 온 대표님은 자신의 젊은 시절이 떠올랐다고 했다. 보통 사회에 첫발을 내디딜 때 열정만으로 충만한 시절이 있다. 모든 일에 열심히만 하면 될 것이라 생각하던 때. 하지만 시간이 지나면 타성에 젖게 되고, 굳이 자신이 열심히 하지 않아도 그럭저럭 살 수 있음을 깨닫게 된다.

30대 중반의 윤태훈 저자는 굉장히 열정적인 사람이다. 그의 도전적인 삶을 정리하면서 삶에 대한 태도와 성실함을 느꼈고, 특히 순수한 열정을 여전히 지닌 그가 부러웠다. 매일매일 작은 도전을 통해 큰 목표를 이루어서 그런지 자신감도 충만하고 굉장한 에너지가 느껴진다. 체중계에 오르면서 아침에 잰 몸무게와 밤 몸무게가 왜 다른지 고민했던 저자는 '당일차'와 '수면효과'를 발견했고 개념을 정리했다.

실제로 그의 말대로 몸무게를 아침·밤으로 적기 시작하자 5일만에 2.5㎏이 빠졌다. 하루도 빠지지 않고 꾸준히 했다면 더 많이 살을 뺐을 수도 있었겠지만, 적을 때도 있고 적지 못할 때도 있다 보니 3주간 4.1㎏ 감량에서 멈췄다. 어쨌든 운동 없이 살을 뺄 수 있다니 이건 혁명이다!

아직 내 몸매는 여름을 준비하지 못했는데, 벌써 여름은 성큼 다가왔다. 큰 목표를 작게 나누어 지킬 수밖에 없게 만들려고 한다. 올여름까지 살을 다 내버릴 수 없다면 내년 여름까지 결혼 전 몸무게로 돌아가고 싶다. 이제 나도 나를 실험하기로 했다.

마인드빌딩 기획책임자 심미정

일단 나부터 실험할게요

초판 1쇄 발행 2019년 6월 15일

지은이 윤태훈
발행인 서재필
기획책임자 심미정
디자인 이유진
인쇄제본 김용문·(주)상지사P&B
용지 우승헌·(주)타라유통

발행처 마인드빌딩
주소 경기도 고양시 덕양구 도래울로 86, 309-601
출판신고 2018년 1월 11일 제395-2018-000009호

이메일 mindbuilders@naver.com
블로그 blog.naver.com/mindbuilders
페이스북 www.facebook.com/mindbuildings

ISBN 979-11-90015-03-5 (03190)

이 도서의 국립중앙도서관 출판예정도서목록(CIP)은 서지정보유통지원시스템 홈페이지 (http://seoji.nl.go.kr)와 국가자료공동목록시스템(http://www.nl.go.kr/kolisnet)에서 이용하실 수 있습니다.
(cip제어번호:CIP2019021540)
